山村留学

生まれ変わる子ども 親 村

青木孝安 著

農文協

本書を読まれるにあたって――はしがきにかえて

一般的に「留学」と言えば、外国留学、あるいは国内留学が考えられ、いずれも青年ないし成人を対象にしたものである。ところが、近年、義務教育課程の子どもが、親元を離れて、自然豊かな農山村に移住し、農家や寮などに住まい、農山村の学校に通学する、山村留学という教育方法が行なわれるようになった。

山村留学は、青少年の自然体験活動を実施している財団法人育てる会が、一九七六年（昭和五十一年）、長野県八坂村（現在、大町市八坂）で始めたのが最初で、この方法が全国に知れ渡ると、燎原の火の如く、たちまち全国の過疎地を抱える自治体に広がった。

理由は、山村留学によって過疎地域の児童生徒数を確保し、学級複式化や廃校を回避することで、これらへの期待が込められていたことは否定できない。

二〇〇四年（平成十六年）頃には、全国二〇〇校ほどの小中学校で留学生の受け入れが行なわれていた。しかし、その後、一時華やかに登場した「ゆとり教育」「総合的な学習の時間」が衰退に向かうと同時に、町村合併という国の方針と相まって、山村留学も減少に向かった。一方、こうしたなかにあって、確実に留学生の参加を得て、長年、事業を継続し、山村留学本来の趣旨を貫き、成果を上げているところもある。

育てる会の山村留学は、三七年間の実践を重ねてきた（二〇一五年現在）。長年の実践によると、山村留学は青少年の自然体験活動のあり方や農山村の活性化問題と深くかかわっていることが分かってきた。

本書では、山村留学の経緯と成果を公表し、今後の山村留学の望ましい姿を描くと同時に、青少年の自然体験活動への提言を試みたいと思う。

私は教師時代に、山村の子どもと都市の子どもを教える体験をした。そして子どもの成長期における自然体験の必要性を痛感した。教職を辞して、社会教育の立場から、長野県の八坂村を拠点にした、夏休み等の休暇中を利用する青少年の自然体験活動を開始した。そして、活動場所を全国各地の農山漁村に広げた。こうした活動を行なうなかで、「体験」を「体験材」と捉える必要を学んだ。そして、この考えは、その後の活動計画を立案するうえで重要な柱となった。

数年間の実践活動の結果、山村での集団生活や自然体験活動が、今日の青少年に極めて有効であることを確認し、かつ、保護者からの要望を踏まえて、青少年が親元を離れ、山村に移住し、山村の学校に通いながら山村生活を行なうという山村留学を開始した。実践を重ねるなかで、山村留学は青少年への教育効果はもとより、これに関わる保護者、山村の学校、山村の集落社会などの関係方面に、さまざまな影響と効果をもたらしながら進められることが分かってきた。

本書の論拠は、山村留学の実践一〇年目に記録された体験者による「体験手記」と、山村留学実践三〇年目に行なった「山村留学総合効果の検証調査」、さらに育てる会発行の月刊誌上に掲載された「留学生その後」の体験記に依拠している。

体験記や調査データを分析・考察すると、山村留学という事業は、留学を体験する子ども自身はもとより、それを受け入れる地域社会や学校、山村と都市側の保護者などに、迷いや混乱、葛藤をもたらし、その結果、それに関わる人びとの認識へ変化をもたらすことが分かってきた。

とくに注目させられた点は、留学効果についての子どもたちと保護者の微妙な違いである。それは、一〇年目の時点で行なった体験手記によると、自宅に帰った時点での子どもたちの変化を保護者たちが評価する傾向に対して、留学を体験した子どもたちは、留学の効果は人生の一〇年後、二〇年後、三〇年後という、それぞれの年代に応じて現れるものではないかという、将来的効果を語っている点にある。

この点について、さらに調査研究を行なってきた。三〇年目に行なった調査「山村留学の総合効果の検証調査」は、教育学者、社会教育学者、カウンセラーによる研究調査チームのもとで、留学生への教育効果はもとより、関係する保護者、地域社会に及ぼす多面的効果について詳細な調査を行なったものであり、その結果から貴重な知見を得ることができた。

研究課題であった留学の効果については、留学体験者の声を多く聞くことができた（五二ページ）。三〇年目に行なった留学体験者の意見を読むと、留学体験は、人生の長きにわたって心の奥深くに醸成される、生きる力となっているというのである。このことは、一〇年目の体験手記による調査で語られていた、留学を体験した子どもの将来的効果の予測と見事に一致していることが分かった。山村留学の体験は、留学体験者の人生の長きにわたって、大きな影響を持つことが分かったのである。

このような効果は、集団生活における他人との葛藤や、都市生活から山村生活への移行に起因するさまざまな欲求不満を克服する過程での数々の葛藤などを、自力で乗り越えたことによる、生きぬく力の獲得の成果であると推察する。

山村留学はまた、地域の集落社会の意識変革にも寄与することが分かってきた。山村留学に関わった農家の意識は、山村の活性化のための学生民宿の経営という発想から、長期間子どもを預かり指導するという経験を積むことによって、人つくり活動への参画という認識に変わり、その認識が全村に広まっていったのである。山村留学が、行政の支援を獲得するまでに至った経過は、幾多の葛藤経験から生まれた集落社会の認識の高まりを表現していると言えよう。

また、留学生を受け入れ指導を行なった山村の学校においても、さまざまな混乱と葛藤があったことと思う。時には、山村留学に反対する意見が大勢を占めたときもあったと聞く。しかし、留学生の指導を経験した多くの教師が、その後、山村留学の意義を認めている。

山村留学は山村の活性化に寄与する大きな潜在力を秘めていると思う。そのためには、経済的支援と相まって、山村住民自身の活性化に向けての意識変革も重要な要件である。

本書では、山村留学の実施を計画する自治体の方々への参考意見も述べた。また、自然体験活動を実施する指導者の方々へは、私の体験に基づいた提言を試みた。

本書が山村留学に関係する方々や、その実施を計画する方々の参考になれば幸いである。

二〇一五年（平成二十七年）十一月三日

著　者

目次

第四章　山村留学で子どもと親はどう変わるのか——67

第一章　山村の子どもと都会の子ども

1、山村の子どもの姿

私は信州伊那谷で、三年間、田舎教師を体験した。そこには、四季折々のパノラマの如く移り変わる美しい自然の中で、たくましく生きる子どもたちの姿があった。彼らには、自然を読み、自然に従い、自然に挑む体験を拠り所に思考を進める姿を見た。

▼田んぼでの刈敷きのこと

信州の春は遅い。梅も桜も、その他春の草花も、待ち構えていたように一斉に花を開く。

五月、全校で田植えをした。山に入り、下草を刈り、それを背負子で背負い、代かきの終わった田に運び、全面にまき散らし、それを素足で田の泥の中に踏み込んだ。この作業を刈敷きという。化学肥料などのない時代のこと、それを肥料とした。思えば、それこそ、今日でいう有機農法であった。

子どもたちは、肥料をやらなければ稲は育たないことを体で覚えたのである。

▼農繁休みのこと

当時、中学生は農家にとって重要な労働力であった。学校は農繁期に合わせて休日を設けた。いくつかの集落の農家に稲の生育状況を問い合わせて、一週間ほどの休日を決めたのである。その他に、「田植え休み」「稲刈り休み」、寒さと燃料節約のための「寒中休み」、さらにまた「お蚕《かいこ》休み」などがあった。

子どもたちは農作業を通して四季を知った。

▼初めて蛇を食べたこと

昼食のとき、一人の男の子が「先生は蛇を食べたことがあるか」と聞いた。私は「ない」と答えた。

数日後のことである。その子が、S字型に二本の串差しにして焼いた蛇を持ってきた。

「シマヘビだ。うまい、食べてみろ」と言う。

私はそれをじっと眺めた。骨ばかりで肉らしきものは見当たらなかった。わざわざ持ってきてくれた子どもの好意と、教師という責任感が、口もとまでこみ上げていた拒絶感を抑え込んで、思い切って口に頬張った。硬い骨を奥歯で噛みしめた。繰り返し噛みしめるうちに、旨みが滲み出るのを感じた。確かに、子どもたちが言う通り、「旨みはある」と感じた。

私は蛇の旨みは骨を噛みしめることだということを、子どもから教わった。

子どもたちは蛇を捕まえるという狩猟的体験をし、また、それを食して味を知るのである。

▼地蜂《じばち》捕りのこと

信州伊那谷は地蜂捕りで有名だ。

日曜日、子どもたちが私の下宿にやってきて、私に、スガレ（クロスズメバチのこと）の巣捕りを教えてやると言う。

田んぼのあぜ道を歩いて、赤ガエルを捕まえる。後ろ足を左右に引き裂き、皮を剝き、それを棒の先にぶら下げ、山の谷筋をゆっくり上る。カエルの肉の匂いを感知してか、いつの間にか、数匹のクロスズメバチが肉に取り付く。片方の手でカエルの肉をそぎ取り、直径二ミリほどの団子を作り、それに真綿の端を糸状に撚ったものを巻き付ける。その肉団子を人差し指の先端に乗せ、スズメバチの横に近づける。スズメバチが、肉団子に乗り移る。スズメバチはその肉団子を運びやすいよう懸命に形を整える。その際、真綿の糸に気づかれぬよう、肉に付けた糸を腹の下から尻に抜けるよう、蜂の動きに合わせて、真綿を移動させる。子どもたちはこれが成功のコツだという。そしてまた、蜂は準備が整って飛び立つとき、必ず小便をするという。私は懸命に蜂の尻を見つめた。瞬間、確かに、わずかな液体が蜂の尻から噴き出るのを見た。

「それ、行くぞー」という声とともに、蜂が飛び立つ。

　真綿をぶら下げた蜂は、普段のように速く飛べない。フラフラと、さながら酔っぱらいのごとく、森の中へ舞い込んで行く。子どもたちは夢中になって蜂の後を追う。

　私はそこに山の子どもたちの姿を見た。

　面白いことに、蜂の巣は一山を越えることもあり、ほんの数メートル先にあることもある。

　火薬の煙で蜂を仮死状態にさせ、幾重にも重なった蜂の巣を取り出す。その際、成虫の蜂や成虫になりかかった蜂も大切に取り込む。「これがうまい」と子どもたちは言う。

　子どもたちの一連の蜂捕り活動を見て、私は、まさにこれは素晴らしい「芸術的狩猟体験活動」だと感じた。

　蜂の子の砂糖醤油炒りは、あのウジムシごとき姿に似合わず、確かにうまい。とくに、半成虫の蜂は香ばしくて殊更にうまい。一般的に、昆虫食はゲテモノ食いとして嫌われるが、捕獲行動を通して食することにより、昆虫食の味が分かるものだということを、子どもたちから教わった。貴重な味覚体験であった。

　後日談になるが、中学生ともなると、蜂の子や蛇を捕まえて町場へ持って行き、なにがしかの金銭に替え、自分の学用品代としていることを知り、乏しい中にこそたくましさが育つことを知った。

▼病気見舞いのキイチゴのこと

　八月の末のことであった。

　私は夏風邪に罹り、三日ほど学校を休み、床に就いていた。

写真 1−1　樹上にて、子どもからサルナシの採り方を教わる（昭和 27 年）

　熟睡し、ふと目が覚めると、枕元に小さな籠が置いてあった。中に黄色く熟れたキイチゴが見えた。下宿のおばさんが言うには、先ほどK君が見えて、「これを食べて元気を出してくれ」と言って帰ったとか。私は籠の中のキイチゴを眺め、山の子どものやさしい心遣いに涙がこみ上げてきた。

　長い人生を振り返るとき、折に触れて贈り物をもらう機会が多くあったが、このときのキイチゴのプレゼントこそ、わが人生で最高の贈り物として記憶に残っている。

　乏しいなかにあってこそ、思いやりの気持ちが育つことを知った。

▼赤とんぼの舞う教室のこと

秋の一日の教室でのことであった。

　窓辺から眺める山裾の木々の葉は、日ごとに紅葉の色を増していく。そしてその紅葉は、ほんの一日、極限に達し、夕日に燦然と輝いて終わるのである。

　開け放った窓からは、さわやかな秋風が教室に忍び込む。静粛そのものの教室では、子どもたちの走らせる鉛筆の音すらも聞こえるほどだ。数匹のトンボ（アキアカネ）が教室に舞い込む。一匹のトンボが、子どもの鉛筆の上に止まる。子どもは鉛筆の頭を二、三回振る。トンボは飛び立つが、また止まる。その後ろに座る女の子の髪のリボンには、もう一匹のトンボが羽を休めている。

教室は静粛そのものだ。

やがて、小遣いさん（用務員、今は主事）のうち鳴らすベルが、木造の校舎に響き渡り授業が終わる。

こんな授業風景が、今もって教室の原型となって、私の脳裏に居座っている。

静粛のなかにこそ学習が成立することを知った。

このような山村の学校での体験は、その後の私の人生に大きな影響を及ぼしている。

2、都会の子どもの姿

一九五三年（昭和二十八年）、私は東京下町の小学校へ転勤した。転勤の理由をよく聞かれたものだ。

人間、青春時代の心の葛藤など、簡単な言葉で語れるものではない。将来への希望、好奇心、期待、夢、迷い、不安など、さながら、時には太陽が輝くが如く、時には細々と消え入る三日月の如く、時には漆黒の闇のなかを彷徨うが如くで、転職の理由は、感情と理性の相克の結果だったと言いたい。

このような心情であったからこそ、都会の教室での最初の印象は一層強烈であった。

▼初めて接した都会の子ども

今もって忘れられない印象がある。それは都市の子どもの発言力である。

五年生の担任として初めて教室に臨み、私は「田舎の学校からやってきた」と自己紹介をした。すると間髪を入れずに、数人が「質問します」と挙手。「田舎とはどこか」「なぜ来たのか」などと、いきなりの質問攻めに会った。このことはそれまで、少人数の静かな教室で、遠慮気味に発言する山村の子どもたちしか知らなかった私にとって、少なからず新鮮な衝撃であった。

夜半、床に入ると、都会の教室風景と山村の教室風景が交互に脳裏に浮かんだ。山村の子どもと都会の子どもが共に授業をしたらどうなるであろうか、と想像したものだ。この体験こそ、その後の私の仕事の一つの原点となったように思う。

▼東京下町の子どもたちの環境

隅田川にかかる両国橋のたもとに、水上バスの桟橋があった。桟橋からは幾艘もの船が行きかうのが見えた。時には、いくつもの樽を積み上げた木造船が行き来していた。その船を「オワイ船」と言い、樽に詰めた人糞を東京湾の外まで運んで捨ててくるのだ、と聞いた。

夕暮れともなると対岸の柳橋の料亭の灯がともり、宴の様子が眺められた。

両国と言えば東京の下町、かつての本所区である。そしてまた、両国の地は中小企業、とくに小企業の街でもあった。とくに多かったのは、メリヤス（莫大小と書いた）製品の加工業者だった。この人たちの多くは地方出身者で、義務教育を終えるや上京し、親方の工場で働き、やがて独り立ちし、努力の末一代を築いた人が多い。あの人は、他人の寝ている間も起きて、パンツの紐通しをやるほどの努力家だから、今日の繁栄を築いたのだ、などというエピソードがささやかれるのを聞いた。

このような人たちは、わが子の教育にはとりわけ熱心であった。その熱心さは、子どもたちを有名私立中学受験へと駆り立てた。一学級の八〇％ほどが受験希望者であった。

学年ＰＴＡでは受験対策が熱心に語られた。保護者たちの熱心な要望の結果、受験のための補修授業を行なうことになった。通常授業が終わり、教室の掃除を済ませた後、受験希望の子どもを対象に補習授業を行なった。

▼蛍光灯の下での受験のための補習授業

昭和三十年代といえば、日本の国が戦災の廃墟から立ち上がり始めたときであった。関東平野一帯では、廃墟の中、一斉に工業生産が始まった。当時は公害などという意識はなかった。関東平野一帯はスモッグに覆われた。晴天の日といえども陽の光は輝きを失い、午後ともなると教室の中は教科書の字を読むことすら困難な状態であった。そのうえ、引き潮時ともなると、隅田川や竪川《たてかわ》の泥が吐き出すメタンガスの悪臭が教室に流れ込んだ。

この状況を見るや、保護者の拠出金で、教室にただちに蛍光灯が設置された。

子どもたちの学習の方法は、希望する受験校の問題集を解くことであった。子どもたちはけなげに思うくらい熱心に学習した。

私も労をいとわず指導に専念した。

私は受験の結果について、ある程度の成果を上げたと思う。受験の合格率が、担任の陰の評価にもなっていたように思う。合格を手にして喜ぶ子どもを見て、私は仕事にやりがいを感じた。同時に、また、心の片隅では、「本当の教育は、受験の成果がすべてではないのでは?」という一抹の疑問も抱いていた。

▼スライドやテレビを使った授業

当時、放送教育や視聴覚教育が盛んであった。情報メディアの少なかった時代のことである。

確かに、それまでの教科書と黒板と教師の説明による授業より、映画やスライド、放送教材を使った授業のほうが、子どもたちの知識量は増え、理解は深まった。また、新鮮な情報に触れることにより、子どもたちの学習意欲は高まった。私は各地の視聴覚教育研究会に参加し、積極的に視聴覚教材を取り入れた授業を行なった。

このような視聴覚教材を使った授業は、当時、先進的な授業方法と考えられ、多くの教師が導入し、実践したものだ。私も授業に、NHKの学校放送(ラジオやテレビ)の視聴をとり入れたり、理科や社会科の教材映画やスライド映像を利用したりする授業を行なった。視聴覚教材を使った授業は、子どもたちの興味を掻き立て、正確で豊富な知識の獲得に役立った。しかし、私はこうした授業を続けるなかで、一抹の疑問も感じていた。

具体例を挙げよう。

小学校中学年の社会科に、「農家の仕事」という単元学習がある。この中で、稲作についての学習指導を行なったときのことである。私は学級を数グループに分け、それぞれに稲作の順序について調べさせ、それを「絵」に描かせ、紙芝居の形で発表させる方法を考えた。

子どもたちは図書館の図鑑で調べたり、自宅で農家出身の両親に聞いたりして、数枚の絵にまとめた。子どもたちが描いた「絵」は、「田起こし」「代かき」「田植え」「田の草取り」「稲刈り」「ハザ掛け」「脱穀（足踏み式脱穀機）」「供出（出荷）」の様子を描いたものであった。

黒板に掲示した絵を巡って子どもたちに話し合わせ、私がそれに解説を加えた。

私は稲作の順序を確認させ、農家の仕事の苦労話——雨の中でも田植えをしなくてはならないこと、田植えや草取りは腰が痛くなること、稲の病気のこと——などを説明して、授業を終わった。

学期の終わりに社会科のテストを行なった。

答案用紙は、稲作作業の過程を、カッコ付きでランダムに書き連ね、カッコ内に稲作の正しい順番を、番号で記入させるというものであった。私は、採点結果をもとに、通信簿の社会科欄に評価点数を記入した。通信簿の記入を終わり、再度、私の記入した評価点数を眺めていると、なぜか違和感を覚えた。

思いはいつしか、山村の子どもたちの稲作作業の姿に移っていった。

そして、そこに大きな違いがあることに気が付いた。つまり、子どもが獲得する「稲作作業の順番」という知識は、山村の子どもの場合は、体験から得られた知識であり、都市の子どもの場合は、主として映像や図書から得られた知識であることに気が付いたのである。この二つの立場の間には、知識の量は同じであっても、知識の背景に大きな違いがあることを知った。

▼山村と都会——知識の質と量の違い

山村の子どもは、体験に基づいた知識を拠り所に考える。都会の子どもは、映像、文字、図鑑などの知識を拠り所に考える。授業を進めるうえで、この違いを見逃してはならないと思った。

山村の子どもの知識は、田植えのときは、水を払ってからでないと植える場所が分からなくなる。根はなるべく浅く植えたほうが、酸素の吸収を良くし、稲の成長のためには良い。初期の頃の田の草取りは、五本指で稲の周りの泥をかき回すので、指の爪が擦り減るから、前もって爪を伸ばしておいたほうがいい。稲の成長には水の管理が大切である。裸足で田植えをしていると、いつの間にか蛭に食いつかれて血を吸われる。牛の引く代掻きの田車に乗っていると、不思議なことに眠くなり、いつの間にか泥田の中に転がり落ちる。刈敷きに使った木の枝は、秋になったら田圃から引き抜いていろりの薪とする、などなどと、すべては体験に基づいている。

都会の子どもの知識は、映像や文字、図鑑などから得られた知識で、いわゆるバーチャルな知識である。多くの資料から情報量を多く求めれば、知識量は多く得られる。そのことは、あるいは受験などには有利となるであろう。バーチャルな知識は、言い換えれば「物語り的な知識」と言えよう。私は「稲作物語」とでもいう授業を行なったのかと、やや自虐的に反省をした。

思うに、都会の学校では、環境からして「物語を教える授業」になるのは致し方ないと思う。しかし、この「物語」の真の意味を解説、説明できる力は、知識の陰に潜む体験認識にあると思う。

仮に、「田植え作業の改良点を考える」という課題を課した場合、体験による知識を持つ子どもは、現実的で説得力のある解決策を提案するであろう。体験による知識の陰には、課題解決を模索する「萌芽」が宿っているのである。

これからの時代、子どもたちに精選された質の高い豊富な知識を持たせることも必要だろう。しかし、その根底では、子どもたちが将来、人生の諸問題に遭遇した場合、その上に立って多くの知識を活用し課題解決に立ち向かえるような体験的知識を、拠り所にできるようにしてやりたいと思った。

子どもたちの成長期に体験を十分与えてやりたいと

言っても、時間と費用がかかる。その点で、必要とする最低限の体験の「質と量」はどのようなものであるかが、教育上の重要な課題であると思った。しかしそれは、学校教育の場では不可能で、社会教育の場に求めるしかないと思った。

3、体験に基づく思考の必要性
――思考の「足」とは

当時、私は、子どもたちが学習を進めていく過程に興味を持ち、それを「子どもの思考の過程」として捉え、研究を続けた。

認識とは思考を重ねて新しい知識を獲得することであるが、思考をする場合、既存の知識を拠り所とする。この拠り所を、私は思考の「足」と考える。この考えで山村の子どもと都会の子どもの知識の獲得の様子を見てみると、山村の子どもは、主として、体験を「足」として思考を進め、都会の子どもは、文字、映像、図鑑などからの情報を「足」として思考を進める。

どちらが優れているか、などという問題ではない。山村の子どものように体験的知識を「足」として思考を進める場合は、堅実な思考ができ、質問などに対しては自信をもって答えられるが、一方、体験領域に限られた思考になりがちである。

都会の子どもが文字、映像、図鑑などの情報を「足」として思考を進める場合は、豊富な情報量を得て思考領域は広がるが、最終的な認識においては不確かさが残る。つまり、体験的知識に遭遇すると、課題解決には自信が持てないのである。

▼事実認識から意味把握へ

このような考察から、私は、体験に基づいた堅実な知識をベースに、豊富な知識の軽重を取捨選択しながら、思考を進めることができる「力」を、子どもたちに付けさせてやることとの必要を感じた。

子どもたちの成長、つまり精神的発達とは、事実認識と意味把握の連続で成り立つと思う。堅実な体験に基づいた事実認識の元、そのうえに多彩な情報に基づく知識を取捨選択して、新しい認識に到達することが学習の本質だと思う。

ともあれ、私は小学校での長年の学習指導経験を通して、子どもたちの成長過程においては、最低限の体験が必要であることを痛感した。それがあれば、学習が一層深まることだけは確かであると思った。子どもに「必要最低限の体験の場」を設けてやることが、大人の使命ではないかと思った。その後、私の主な仕事が、一貫して子どもの自然体験活動の実施であることを思うと、その根源は、このときの体験に根差していると思うのである。

しかし当時は、こうした教育本来の原点を見つめた教育実践が、受験競争の激しい世の中にあって、果たして保護者たちに受け入れてもらえるかどうか、はなはだ自信がなかった。

▼保護者たちに希望を持つ

私は一年生の担任となり、そのうえ学年主任を任された。

四月の中旬、学年保護者会を開いた。

そこでは活発な質疑応答がなされたが、話題の中心は、「家庭での躾《しつけ》はどうあるべきか」などといった「子育て論」であり「家庭教育論」であった。かつての高学年の保護者会の場合は、受験対策に熱心で、ややもすると、教育が受験や進学のための手段と考えられる傾向を感じたものである。それに比べて、この一年生の保護者たちの関心は、教育そのものを真正面からとらえていることを感じ、感動を覚えた。私はこの「新鮮さ」に動かされて「教育を語り合う会」を作ろう、と提案した。

この提案に、たちまち賛同の声が上がり、保護者有志による「教育を語る会」が発足した。一九六四年(昭和三十九年)のことである。そして、語合いの内容を小冊子にして出版することにした。会の名称を「積木の会」と呼ぶことにし、会誌名を「つみき」とした。子育てについて保護者が自由に語り合い、その内容を小冊誌にまとめて発表するという活動は、学年PTAの活動としてはかなり注目された。

私はこのときの体験から、時代の流れがどのようであれ、本音で語り合えば、保護者たちに教育の本来あるべき姿を理解してもらえるという可能性を確信するようになった。

▼教職を辞してから

一九六七年（昭和四十二年）三月、私は教職を辞した。理由は複雑ではあるが、「どうせ、一回限りの人生、やりたいことをやって人生を終わろう」という考えが、心の中心にあったことだけは確かである。

人生の後半を自由に生きたいという、まったく自己の欲望からの出発であったと言えよう。さらに言えば、男としての動物的な生き方の選択であったとも言える。

教職を退いてからしばらくの間、「なぜ、安定した職業をなげうってまで?」と、問われ続けた。思うに、この質問の陰には、「今日の教育の風潮に反対して、自己の信念に基づいた教育を実践したいためだったのではないか」といった、優等生的な答えを期待していたかのようにも感じられたが、本音のところ、そんな立派な動機ではなく、ただ〝自己の主張を実現してみたい〟という、単純な自己の欲望が動機であったように思う。

4、体験活動の実施を決意
——『育てる』誌の編集会議から

教職を辞した後、かつての「教育を語る会」の保護者たちが、私にさまざまな提言をしてくれた。

「『家庭教育研究所』を開設して、教育運動を始めたらどうか」とか、玩具製造の工場を経営している保護者からは、「大きな玩具メーカーを紹介してやるから、その会社の開発調査の仕事をしたらどうか」とか、中古車の販売をしている保護者からは、「しばらく商売の手伝いをしてみないか」などと、提案や誘いの言葉をもらった。

提言の内容は異なるが、皆、私のこれからに期待を寄せてくれていることが分かり嬉しかった。

この期間は、私の人生にとって、人生中間期の「放浪の時代」であったと思う。思えば学校を出ていきなり教師になり、一目散に仕事をしてきた。教育の世界しか知らない狭い視野の人間であったように思う。この放浪の時代に得た体験は、私のその後の仕事にとって貴重な肥料となったように思う。

一九六八年（昭和四十三）年、新宿区の下宿屋の一室を借りて、「家庭教育研究所」を開設した。ここを拠点に、玩具メーカーの調査研究の仕事をやりながら、家庭教育誌『育てる』の出版を開始した。『育てる』誌の編集会議は毎月行なわれた。

六月の編集会議のときであった。

夏休みが近い時期のこと、学校の夏休み期間中の子どもの過ごし方について話し合った。当時、都会では受験競争が激しくなり始めたころであり、それに合わせてか、各地に学習塾が開設され、塾通いが盛んになり始めていた。編集会議では、子どもたちの長い夏休みを塾通いのみに任せておいていいものかどうか、という問題について議論を行なった。編集委員一同、教育の現場を知っているが故に、子どもたちが受験競争に駆り立てられていく現象はある程度納得はするものの、そこに一抹の不安を抱いていた。

編集委員の見解は、「受験競争のみに専念した子どもは、自分のことのみを考える自己中心的な子どもになりはしないか」「高学歴で就職できても、社会性の欠如が原因で、職場では周囲に適合できないことになりはしないか」「幼児の段階では健全な遊びが大切ではないか」「子どもの成長段階では自然体験や労働の体験が必要ではないか」「集団生活を通して、他人と協調して生活する能力や他人への思いやりの心情を養うことも必要ではないか」などであった。

このような見解の結果、「育てる会」という団体を立ち上げ、その団体の機関誌として『育てる』誌を出版すること、そして、活動としては子どもたちの自然体験活動を行なう、ということが決まった。

この決定は、子どもたちに必要最低限の体験の場を与える必要があると考えていた私にとって、十分納得のできるものであった。この会議での決定が育てる会の出発点となった。

第二章　体験活動の「場」を探し求めて
――「体験材」という活動概念

1、「体験材」について

学校教育に「教材」という言葉がある。「教材」とは、その学習目的を達成するために用いられる教育材料のことである。農家の苦労を教えるという目的のために、「田の草取り」「田起こし」の作業を授業に使った場合、それを教材という。

教科書も教材の一つである。教科書を教えるのではなく、教科書で教えるのである。教科書を使って何を教えるのか、というと、それは、指導要領に記載されている「学習の目的」である。

社会教育分野を担当する育てる会の場合は、「目的を持って嬉々として生きる子ども」を目標とし、それを達成するためにさまざまな体験活動を行なう。この場合、実践する体験は多岐にわたるため、それらを総括して「体験材」という言葉で考えることとする。

2、山村にある豊かな「体験材」

私は、子どもたちが目を輝かせて取り組むような自然体験の場所がどこにあるか、探し始めた。

まず頭に浮かんだのは、東京を中心にして、軽井沢、那須、箱根、伊豆方面などであった。これらは教職時代の遠足や移動教室、実地見学などという活動からの発想であった。実際、これらの場所を実踏調査した。

しかし、子どもに自然体験をさせるという観点に立つと、これらの観光地的な色彩の濃いところは、どこも納得できるものではなかった。唯一、西伊豆に、やや期待が持てそうな場所があった。

それはミカン栽培農場と農家であった。その農家へ飛び入り、長時間にわたって育てる会の体験活動の説明をして、子どもたちを宿泊させ、農業体験をさせてくれるかと交渉したが、結局は、経済的な収入に重きが置かれることを知り、あきらめざるを得なかった。そのときの調査で、子どもの自然体験という観点に立つと、ただ空気がきれいで風光明媚、自然が豊かにある、というだけでは不十分であることが分かった。つまり、観光地的なところは不向きであるということが分かった。

その後、育てる会の趣旨に合った自然体験の場所を模索する時代が、しばらく続いた。

▼信州の農家での話合いから

私が子どもたちの自然体験の場所を探しているということを知ったある知人が、私の希望にぴったり合っている場所があると教えてくれた。それは、長野県の広津村（現在、北安曇郡池田町）というところであった。そこは山の急斜面に茅葺き農家が点在し、養蚕や雑穀栽培を専業とする典型的な山村集落であった。近くに、すでに廃校となった小さな木造校舎が建っていたことを覚えている。

紹介者の手配で広津村の人びとに集まってもらい、育てる会や子どもの体験活動について説明し、ぜひ子どもの宿泊を受け入れてほしいと懇願した。特に強調したことは、ほんの二、三日でよいから、農家に宿泊させてもらい、皆さんの家庭の食事を食べさせてもらい、野良に出て農作業の手伝いをさせてやってほしいということであった。

集まった農家の人びとは無言で私の話を聞き、そのときは、それほどの質問も出なかったが、私の提言を受け入れるかどうかについては、後日、返答するということで終わった。

数日後、私はその集落の長《おさ》という人から丁重な手紙をもらった。

その手紙の概要は次のようであった。

「話の趣旨はよくわかりました。しかし、この辺鄙な山村に暮らす人びとにとって、いきなり都会の子どもを宿泊させるなど、戸惑いばかりで返事のしようがない、というのが本心です。ですから、今回の申し出については、『返事のしようがない』というのが返事となります」

と書かれ、続いて、

「しかし、私が思うには、育てる会提案の趣旨は、地下水が徐々に浸透し、やがて地上に吹き出るがごとく、やがて、社会の流れとなるでありましょう。ついては、育てる会の提案を理解してくれると思う人がいます。隣村の村会議員のA氏です。ぜひその人を訪ねてください」と書き添えてあった。

隣村とは八坂村（現在、大町市八坂）である。

私はこの手紙を読んで感激した。世の中には分かってくれる人もいるものだ、と思った。数日後、私は期待に胸を膨らませてA村会議員宅を訪ねた。熱心に私の話に耳を傾けてくれたA氏は、二、三日なら、試みに宿泊を引き受けてもよい、と言ってくれた。

一九六八年（昭和四十三年）の夏、編集委員の子どもなど、ごく内輪の子どもと、保護者二十数人を引率して、信州八坂村の農家のA氏宅に宿泊し、二泊三日の活動を行なった。このときが、記念すべき育てる会第一回の夏の自然体験活動となった。次の年の夏はA氏の協力で、周辺の農家の協力が得られ、四十数名の子どもを引率して活動を行なった。

子どもたちは嬉々として自由に集落内を歩きまわり、野菜の収穫を手伝ったり、近所の山に登ったりして自然体験を満喫した。とりわけ、野菜を中心とした山村農家の食事を喜んで食したことが、印象に残った。ここでの実践を通して、私はごく普通の山村農家に宿泊してこそ、豊かな体験の世界が広がることを知った。

▼「体験材」という指導概念を持つ

二回の体験活動の実践により、自信を持った私は、行政の協力を得ようと考え、村役場を訪ねた。村長にはすでに情報が入っていたらしく、快く迎え入れてくれ、全面的な支援を約束してくれた。村長は、「八坂村の地形は複雑であり、集落によりそれぞれ特徴がある。活動するにはどんな集落、どんな場所を希望するか決めてほしい」と言った。そして、村長自らが村内を案内してくれた。

私は悪路で激しく揺れるジープの中で考えを巡らせた。これから行なう育てる会の体験活動は、社会教育の場であるから、体験内容や体験課題を自由に設定できる。私は望ましい子どもの姿を思い描いた。

「思いやりのある子ども」「失敗しても負けない子ども」「集団生活のできる子ども」「創造力のある子ども」「日本の伝統文化を引き継ぐ子ども」「感動して詩が書ける子ども」「個性豊かな子ども」などなどと考えた。このような理想をかなえさせてくれる体験の場所はどこにあるだろうかと考え、村中を眺めた。

車の窓から移りゆく村の景色を眺めながら、そこで活動する子どもたちの姿を想像した。その姿は、次のようなものであった。

・複雑に入り組んだあの山道を歩くことは、子どもたちの冒険心を刺激するであろう。冒険的体験ができる。

・遠くに見える、あの三〇〇〇メートル級の北アルプスに登れば、頂上に立ったときの大きな感動体験や、山登りの苦労に打ち克つ体験ができるであろう。

・あの農家で農作業や農産物の出荷の手伝いをすれば、労働体験ができる。

・昆虫や豊富な植物に触れれば、自然観察という体験ができる。

・農家の暮らしの中に入り、村祭りなどに参加すれば、山村の生活文化に触れる体験ができる。

・農家に宿泊して家事を分担したり、労働をしたり、家族揃って食事をしたりすれば、家族体験ができる。

・縄文遺跡で土器の採集を行ない、縄文住居を建てれば、縄文時代の体験ができる。
・渓流の近くで自給自足の生活をすれば、サバイバル体験ができる。
・冬、雪や氷に閉ざされた生活をすれば、雪や氷の体験ができる。

私は激しく揺れるジープの中から変化に富んだ八坂村の地形を眺め、このように動き回る子どもの姿を想った。そしてひとり呟いた。「子どもに提供できる体験の材料がたくさんあるではないか」と。

体験の材料、つまり「体験材」という考えの大切さを認識した。体験活動の指導者が活動場所を決める場合、そこに、子どもたちを夢中にさせる「体験材」がどれだけあるかという観点で、その場所を視察する必要があると感じた。

そして、また思った。

子どもたちがどの体験に興味を持つかは自由である。子どもたちに、希望した体験を自由に選ばせるべきである。何人もそれを強制したり妨害してはいけない。指導者の役割は、子どもたちがそれぞれの好む体験材に立ち向かうのを、その後ろに立って見守り、励まし、助言することだと考えた。

指導者が子どもに体験活動を行なわせる場合、その体験を「体験材」という視点で捉え、その視点から、子どもの体験の様子を見つめると、同じ体験でも、個々の子どもの認識は皆異なる。そこに、個々の子どもの個性・特性が浮かび上がってくるはずである。この考えが、〝子どもたちに自然体験をさせる〟育てる会の指導方針の基本となった。

3、夏休み中の体験活動の実施

一九六九年（昭和四十四年）の五月、視察結果をもとに、夏休み期間中の活動計画を立てた。

活動参加募集パンフレットには、「もし、君が参加すれば、以下のような活動が自由にできるのだ」という趣旨をうたった。

▼参加申し込みが殺到する

A新聞のY記者が、育てる会の夏の活動計画を新聞紙上で紹介してくれた。記事の概要は、「子どもたちをごく普通の農家に宿泊させ、自由に自然体験活動を行なわせる」というものであった。

思ってもみなかったことが起こった。

早朝から、市ヶ谷台町の小さな事務所に設けた三台の電話が鳴りっぱなしとなったのである。

趣旨に賛同した保護者たちからの参加申し込みであった。申し込みの際には、参加の申し込み用件のみでなく、このような活動を待ち望んでいたという、賛同の意見を添える人が多かった。

私は受験勉強とか塾での学習を優先するといった当時の社会風潮のなかでは、夏休み中、子どもを山村農家に宿泊させ、自然体験や労働体験をさせるなどといった活動に賛同する保護者は、少ないであろうと予測していた。ところが、この予測は完全に打ちのめされた。

私は、連日鳴り響く電話に声をからして対応する三人の事務職員の姿を見て、大勢の親たちの中には、子どもの受験学習一辺倒の生活に疑問を持ち、人間形成には自然体験も必要と考える保護者がいることを知った。

この事実は、その後の私の仕事の大きな精神的支えとなった。

参加希望者は八〇〇人を超えた。指導者を入れると宿泊者は九〇〇人ほどになる。これは大変なことだと思った。

▼宿泊農家の確保に奔走する

私は活動参加申し込みの状況を、逐一、八坂村役場に報告した。

役場の振興課長から連絡がきた。

育てる会が希望する集落の農家を集めて説明会を開くことにした。どの農家も半信半疑である。至急、来村して、趣旨や方法を説明してほしい、とのことであった。

私は、早速、八坂村へ出向いた。

会場には、役場関係者と村人五〇人ほどが集まっていた。私は、子どもたちを泊めてもらうことについて、できるだけ具体的に話した。概要は、「子どもたちをお客扱いしないで、家族の一員として接してほしい」「食事は農家で採れた野菜中心の普段食べているものでいい」「庭の掃除、風呂焚き、雑巾がけなどの家の手伝いをさせてほしい」「農作業に連れ出してほしい」「子どもが知りたいことや、やりたいことを聞き出して、できるだけやらせてほしい」「仏壇の花飾り、水替え、村祭りなどの行事があったら、それに参加させてほしい」などと話した。

当初、農家の人は、お金をもらって都会の子どもを預かるからには、できるだけ美味しいものを食べさせ、楽しく過ごさせてやらなければならないだろうから、自分たちにはとてもそんなことはできない、と思っていたらしい。

私の話を聞いて、「そんなことでよいのなら、試みにやってみようか」という気持ちになったそうだ。約三〇軒の農家が受け入れを承諾してくれた。しかし、三〇軒の農家で同時に九〇〇人の宿泊はできない。検討の結果、三期に分けて実施することにした。

活動を開始するや、静寂だった村中に、子どもたちの声が響き渡った。

坂道を汗を流して歩く子どもたち、畑で作業を手伝う子どもたち、北アルプスの登山に出発する子どもたち、竹馬に乗る子どもたちなど、活気に満ちた活動が実現した。

かくして、その年の活動は成功裡に終わった。

私はこのときの実践で、農山村における青少年の自然体験活動の実施に自信を持った。

▼山村体験には二つの領域がある

活動の最終日に、子どもたちの書いた感想文に目を通した。農家生活を体験した子どもが、次のように語っていた。

「農家のお父さんは、朝、外に出て、空を見上げる。僕が『何をしているの』と聞くと、『天気を見て、今日の仕事を決めるのだ』と言う。農家は、自然にしたがって生活しているのだと思った」

また、もう一人の子どもは、

「農家には、風祭り、水神様、新嘗祭など、いろいろな神様があって、お祭りをするそうだ」

と書いていた。

私は、〝子どもは農家の生活のなかに溶け込んでいる「自然」を知った。つまり、農村の生活文化のなかの自然に気が付いたのだ〟と知った。子どもたちが農村生活で体験する自然には、森や川、昆虫、植物という自然そのものの「自然」と、もう一つ、農村の生活のなかに溶け込んでいる「自然」という、二つの領域があることが分かった。この農村の生活のなかに溶け込んでいる自然を体験することを農村の生活文化体験と考え、体験活動として大切な分野と考えた。

4、体験活動の実践を積み重ねる

▼「ミニ活動」に精を出す

活動の広がりにつれて職員数が増え、さらにボランティア体制も充実してきたので、育てる会東京本部を拠点に、土曜日、日曜日を利用した、日帰りか一泊程度の体験活動を行なった。

この活動を「ミニ活動」と呼んだ。ミニ活動とは次のようなものである。
・三浦半島の海岸線を歩く活動
・葉山の海辺の生物観察活動
・丹沢の山を縦走する活動
・秩父の山を歩く活動
・三浦半島の自然を観察する活動
・また、東京都の奥多摩にある無人農家を借り受け、「育てる会奥多摩の家」として、宿泊や自然観察を行なう活動
これらの活動を通して学ぶものが多かった。どの活動も、事前に「この活動ではこんな体験ができる」という体験内容を示して、それに関心を持つ子どもを募集したため、活動が大いに活発となった。つまり、活動の開始に当たっては、前もって子どもたちに活動内容を示して、活動への興味を喚起しておく必要があ

写真 2-1　地層調べ
—自然研究体験

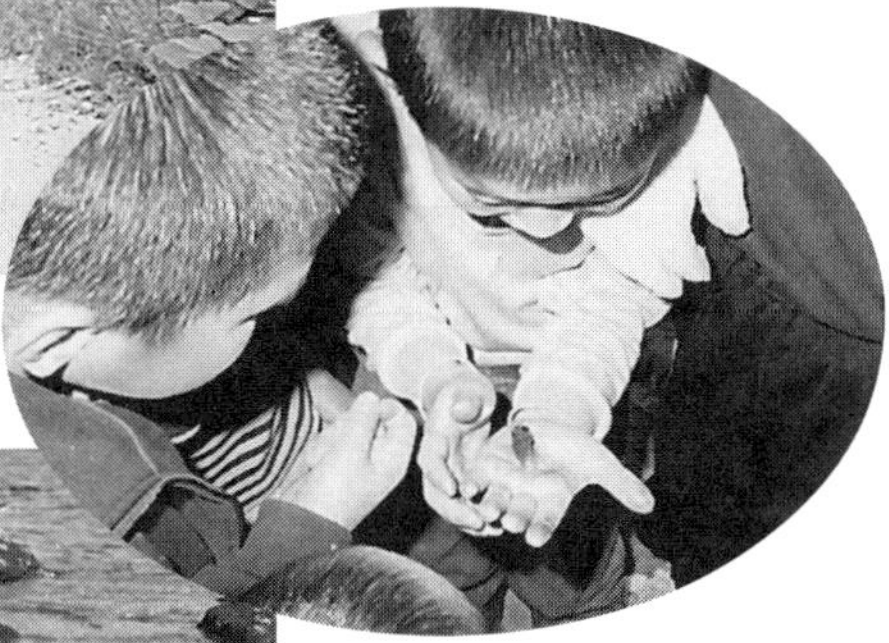

写真 2-2　セミの死骸を見
つめる—自然研究体験

写真 2-3　磯の生物調べ
（神奈川県三浦海岸）

写真 2-4　考古学者の指導で縄文住居作り体験
（長野県八坂村）

る。子どもたちに活動への動機付けを与えておく必要があるということである。

この活動で分かってきたことがある。子どもは自分の興味に合った体験材に遭遇したときは目を輝かせて活動することと、指導者はそれを広く認めてやる必要がある、ということである。

▼体験場所の広がりを求めて

八坂村での体験活動について指導者による反省会を行なった。席上、社会科教育を担当する現場教師から、八坂村という限られた体験場所のみでなく、もっと体験場所を広げるべきではないか、という意見が出た。つまり、体験の場所を広げて、場所による違いを比較体験させる必要もあるのではないか、という意見であった。

その意見を採用して、「国土体験」という課題のもと、八坂村以外での体験活動の場を設けた。

その代表例を挙げる。日本の北方の土地の体験という課題で、北海道に体験場所を設けた。「北海道の酪農生活体験活動」である。

活動の拠点は北海道の十勝清水町におき、遠距離感を実感するため、上野駅発の夜行寝台列車で青森へ、青森から青函連絡船を利用し、函館本線で札幌、滝川を経由して根室本線の十勝清水町着という交通手段を採用した。活動は、廃校を利用した清水町の少年自然の家での自炊生活と、農家での酪農体験とした。活動内容は、畜舎での牛糞処理体験、牧場での牛追い体験、日高山脈の剣山登山体験、キャンプ生活体験、古老より開拓の歴史を聞く体験などであった。

また、南方の土地体験として「五島列島新魚目町の漁村生活体験」を設けた。宿泊は、教会の集会所での自炊生活と漁師家庭での民泊とした。活動は、漁船に乗って対馬海流の中での定置網漁体験、キリシタン家族と共に教会のミサ体験、番屋での漁師食体験を組み入れた。

さらに、「遠州灘海岸を行く」という活動を設けた。この活動は、早春の未だ雪の残る八坂村から、一気に静岡県浜岡町の海岸に移動して、そこでキャンプ生活

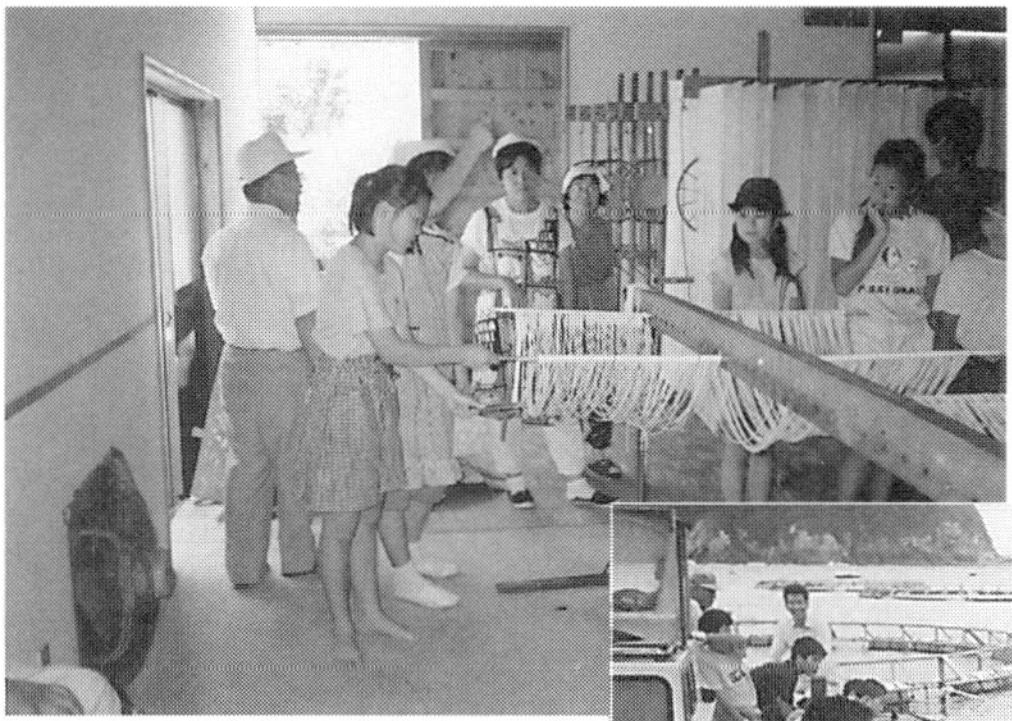
写真２−５　五島麺の実習
（長崎県上五島新魚目町）

写真２−６　ブリの養殖体験
（長崎県上五島新魚目町）

写真２−７　アイヌ生活文化
体験（北海道）

写真２−８　魚のさばき方体験（佐渡島）

をすることにより、太平洋からの春の季節風を体験するという活動であった。

その他、古代の歴史を語る場所での体験として「鹿児島県笠沙町のリアス式海岸の体験活動」、清流に暮らす人びとの生活体験として「高知県土佐清水市（竜串周辺）での民泊体験活動」、自給自足、生き残り体験の場所として「三重県鳥羽市浦野町麻倉島での無人島体験活動」を設けた。

これらの活動の実施を経て、北は「北海道酪農生活の体験活動」と、南は「鹿児島県東町獅子島の体験活動」に集約し、この二か所での活動を長年継続した。

以上の実践活動により、次のことを学んだ。

子どもの体験活動を計画する場合、気候風土の違う場所での体験と、歴史性を持つ場所での体験を考えることが、必要かつ有効であることが分かった。つまり、場所の違いを語る横の広がりと、歴史的経過を語る縦の流れ、という二つの観点から体験の場を設定する大切さを学んだ。

以上のように、各地に活動を設けるに至った経過を考えてみると、望ましいと考える体験材に適合する活動場所を選び出したということである。この点が、一般の観光会社とは根本的に異なる。

活動の本拠地である長野県八坂村では、四季の変化を体験するという課題で、冬休みには「雪と氷の山村生活体験活動」、春休みには「早春の山村生活体験活動」へと発展し、毎年数百人の子どもの参加を得て、今日まで続けられている。

参加者は東京、名古屋、大阪の子どもを中心に、近年では八坂村の近隣都市の子どもも参加するようになった。

5、多彩な体験活動から学んだこと

以上のような実践活動のなかから、いくつかの課題と傾向、今後の方針が見えてきた。

▼体験材にはいくつかの分野がある

〝子どもたちが躍動する体験材を〟という視点から

活動場所の設定を考えると、まず場所の違いによる体験材の必要性、次に歴史的な場所を語る体験材の必要性、四季の変化を語る体験材の必要性、を考慮することが大切であることが分かってきた。

また、自然体験という体験材には、自然の事象そのものの体験材と、自然が生活のなかに溶け込んでいる体験材、すなわち、生活文化的な体験材があることが分かってきた。

▼集団生活における三つの指導課題

数十日に及ぶ長期間の活動を通して見えてきたことがある。それは、起床、就寝、挨拶、洗濯、身辺整理などの基本的生活技術指導の必要性である。それと、集団での適応力と自己主張力、つまり社会化と社会力を養うことの必要性である。

▼自然体験の楽しさを知らない子どもに「原体験」を

自然豊かな山村にいても、自然の事象に興味を示さず、室内にこもり、ゲーム遊びに専念する傾向の子どもが増えつつある。これらの子どもに、自然体験の楽しさを知らせるための動機付け活動の必要を感じた。つまり「原体験」の場を設ける必要を感じた。

「原体験」とは、自然の事象を感覚的に感知する能力を身につけるための体験のことである。その能力は本来、子ども時代の自然のなかでの遊び体験を通して養われるものと思うが、近年の子どもの多くは、そのような体験を持たないまま育っていると思える。そのような子どもに自然体験の楽しさをわからせる活動を「原体験活動」と考える。

6、「原体験」とは「五感力」を養うこと

子どもの成長期における自然体験のなかには、原体験という領域がある。「原体験」という言葉は、一般的には人生における忘れがたい思い出や、感動した光景を言うのであるが、子どもの体験活動の場合は、子どもの成長時期に、自然現象と感覚的に触れ合う体験を「原体験」と考える。

▼原体験とは

子どもたちを静かにさせ、「何か聞こえてこないか」と問う。あまりの静けさに、子どもたちは「何も聞こえてこない」と言う。さらに、「もっと耳を澄ませてみろ」と問いかける。ようやく一人の子どもが、遠くで「何か鳴いている」と言う。そこで、「あれが、野鳥の啼き声だ」と教える。

都会の騒音に囲まれて育ってきた子どもの耳は、自然の中での音を聞き分ける力が退化しているのではないか、とすら思う。ましてや、野鳥の違いによる啼き方の違いを聞き分けるには、かなりの時間を要する。

春先、山菜採りで、タラの芽を採らせる。トゲに触って初めてその痛さを知る。山ブドウを食べて、その甘さと酸っぱさを知る。太陽の位置や月の位置、形が、毎日変わることを知る。毎日、気温が変わり、それに合わせて衣類を替える必要に気付く。湧水の場所に来てその水を飲み、そこが川の始まりであることを知る。蛇に触り蛇の体が冷たいことに気付く。夕方、オオマツヨイグサの開花の瞬間を見て、自然の妙味に気付く。ノゼリやダンコウバイを指でもみほぐし、匂いのすることに気付く。

このほか、子どもの立場に立った原体験例を記す。

・手袋を脱がせて素手でジャガイモを掘らせ、土には堅いの、柔らかいのや、色の違いがあることを知らせる。
・夏の河原を素足で歩くと石が熱いことを知らせる。
・川面に向かって石投げをさせ、石の形によるジャンプの仕方の違いを体験させる。
・松の葉を手のひらに当て、「痛い」と言わせる。「これが針葉樹だ」と教える。
・畑でキュウリとトマトを採らせ、それを丸かじりさせ、店で売っている野菜との甘味の違いを知らせる。
・部屋に入ってきた蛾を手で捕まえさせる。
・カエルを捕まえさせる。
・クワガタ、カブトムシ捕りを工夫させる。

このような子どもの五感、つまり味覚、嗅覚、触覚、視覚、聴覚と深くかかわった自然との接触体験を

「原体験」と考える。子どもたちが原体験によって自然の面白さに気付くということは、体の中に潜み隠れていた（多分都会生活で退化し始めていたであろう）感覚が蘇った、と考えてよいであろう。

▼子どもの原体験量を知る「体験歴調べ」

子どもが、どれだけの原体験を持っているか調べる方法を考えた。

子ども時代に体験してほしいと思われる原体験を、何人かの指導者や自然観察の専門家に列挙してもらい、それを領域別（自然の厳しさ体験、匂い体験、味覚体験、聴覚体験）に分類して、原体験表を作成した。さらに、体験したことが（ある）、（ない）とチェックして記入する「体験歴チェック」用紙を作成した。

この「体験歴チェック」を作成したのは、教育診断の専門家の助言を取り入れたためである。その助言とは、従来の知能検査や学力テストのように、点数による評価をやめて、記入する作業を通して、記入する当事者の子ども自身が、自分の体験歴を知ることで、まだ体験していない体験に向かって、〝今度、ぜひ体験してみたい〟と意欲を掻き立てられるようなものにしたらどうか、という意見であった。

保護者用の体験歴調べも作成した。保護者も自分の体験歴を知ることで、家庭行事への参考とすることができる。

体験歴の一つひとつについては、子どもの生い立ち、家族のあり方などによって、すべてが絶対的に必要な体験とは言えないが、その子どもの全体的な傾向としての自然体験量を知ることができる。

7、長期休暇（夏休みなど）中の体験活動の基本

育てる会の体験活動は、学校の夏休み、冬休み、春休みにおける自然体験活動の実践がそもそもの出発点であった。多くの実践活動の結果、次のような育てる会の体験活動の基本が決まった。

【活動方針の立て方、並びに募集パンフレットの作製についての基本】

・活動募集の対象年齢は、幼児、小・中学生、高校生とし、それぞれに相応《ふさわ》しい活動を計画すること。

・活動場所は、観光地化されていない自然豊かな農山村で、体験材が豊富なところを選ぶ。

・募集に当たっては、活動場所にどんな「体験材」があるかを示し、参加者がその体験材を選んで参加するようにする。

・指導に当たっては、参加者が嬉々として体験材に立ち向かうよう援助することを指導の基本とする。

・指導に当たっては、集団生活を通して、基本的生活習慣を身に着けること、他人への思いやりの心を持つこと、周辺への奉仕の配慮をすることなどに努力する。

・継続参加者の中から、将来の指導者を養成する。

・宿泊場所は専用の施設および活動の趣旨を理解した民泊を理想とする。ホテルなどは原則として利用しない。

・参加者は、両親から離れての単独参加を原則とする。

・乳幼児の参加を可能にするため、家族活動を設けることが望ましい。

・活動終了後は、保護者へのアンケートを実施し、指導効果を評価すると共に、次の指導方針に生かす。

・子どもの活動の様子から、長期の山村留学への適任者を選ぶ。

8、一年単位の山村留学の着想

夏休み、春休み、冬休みの活動に参加した子どもの保護者へのアンケートを読んだ。

多くの保護者は、子どもが元気になって帰ってきたとか、また来年も行かせたいとか、すばらしい企画で今後もぜひ続けてほしい、といった内容であったが、そのうち何人かに、「子どもが、もっと長く村にいたいと言っているので、長期にわたって村で生活できる方法を考えてほしい」という意見があった。

この意見を読んだとき、内心私は、〝長く村にいるということは、義務教育の子どもであるから、村へ住民票を移し、村の学校へ通わなくてはならない。果たして、そんなことはできるであろうか〟と思った。しかし、この意見が、子どもたちが一年間親元を離れて村に移住し、村の学校へ通学するという、「山村留学」に繋がることになるのである。

第三章　短期体験活動から長期体験活動（山村留学）へ

1、野外活動センター建設の必要性

育てる会で行なわれる夏、冬、春（学校の休暇期間中）の活動に、東京、名古屋、大阪、その他の都市部から、毎年一〇〇〇人を超える子どもが参加するようになった。この実績に自信を得て、八坂村での活動を長く続けていくため、村の中に育てる会専用の活動施設を持つ必要を感じた。

専用施設の必要性を感じるようになったのは、次のような実践結果からである。

都会から参加した子どもを、いきなり農家に宿泊させることには、いろいろな問題があることが分かった。受け入れた農家から、「性格の違う子どもや、しつけの異なる子どもを、いきなり農家で引き受けても、一緒に生活させるのに苦労する。農家に泊まらせる前に、育てる会で、前もって基本的な生活法を指導しておいてくれないか」という意見があったのである。

たとえば、和式、洋式のトイレの使い方の指導、ベッド生活をしている子どもと畳での生活をしている子どもの布団の処理の指導、テーブル食とちゃぶ台食をしている場合の食事作法の指導（正座のできる子どもとできない子ども）、食べ物の好き嫌いのある子どもの指導、などである。このようなことについて、育てる会が前もって指導してくれると助かるし、農家としてどのように対応したらよいか、育てる会の方針を示してほしい、というものであった。また、子どもたちに自由に活動していいと言っても、子どもたちは何ができるかわからない。せめて、この村ではこんなことができる、という事前の知識くらいは与えておいてほしい、という要望も出された。つまり、体験活動に向けての子どもの基本的な態勢つくりを行なってほしいという要望であった。

　村の中には危険な場所もあるから、その場所には絶対近づかないよう、厳重に注意しておいてほしいという要望もあった。さらに、農家がときどき集まって、ほかの農家はどんな食事を出しているか、どんなことを教えているか、どんな苦労をしているかなど、情報交換をする機会を作ってほしいという要望も出された。

　以上のような理由から、各地からやってきた子どもをいきなり農家に入れるのではなく、育てる会の活動センターに宿泊させ、そこで、集団生活に必要な基本的生活指導を行ない、子ども各自の活動の目標を持たせ、それから農家生活に移らせることが必要であると考えた。また、八坂村という地に根を張り、そこで長く活動を続けていくには、活動の拠点となる独自の施設を持つことは当然のことと考えた。

　八坂村にある体験材を、子どもたちの活動に有効に生かすには、村人の協力も必要とする。そのためには、村人と強い人間関係を持つ必要がある。

　このような理由から、育てる会専用の野外活動センターを建設することにした。

2、活動センターに夢を託して

　一九七三年（昭和四十八年）、育てる会の事務所で、野外活動センターの設計図を考え始めた。単なる宿泊施設ではなく、子どもたちが意欲的に取り組む体験材を想定しながら、野外活動センターの構想を考えた（以降、活動センターと呼称する）。宿泊施設を中心として、その周辺に予想される子どもたちの活動を描いてみた。全職員で構想を練った。そしてそれを、イラストに描いてみた。

夢の構想ができ上がったので、それを専門の設計家

写真3-1 野外活動センターの夢の構想

に説明し、設計図の作成を依頼した。しばらくして、設計図と必要とする建設費用の概算ができてきた。建物の絵はまさしく夢を語っていた。

3、建設場所を探し求めて

私は、活動センターの建設地を探し求めて八坂村の村内を巡った。数年前、活動センターの建設予定地として、集落の中ほどに一〇〇〇坪ほどの土地を購入しておいたが、キャンプ場としては適していると思ったが、子どもたちが宿泊する施設としては、なぜか納得できなかった。八坂村は北アルプスの近くであるから、北アルプスが前面に見えるところに活動センターを建てたかったのである。

役場の振興課長同伴で、土地探しを続けた。理想とする候補地がいくつか見つかったが、最終的には飲料水の確保ができないということで、あきらめざるを得なかった。この体験で、農山村には長年の歴史に裏付けられた水利権という権利が存在し、これを分けても

写真 3-2　秋の野外活動センター建設地の前景

らうことは至難であると知った。

秋の一日、途方に暮れた私は、気休めに、一人でキノコ採りに出かけた。帰路の途中、歩き疲れて南向きの山の斜面に腰を下ろした。はるかかなたに、山々が幾重にも重なって見え、足元からは棚田が広がり、その先に集落の甍《いらか》が見えた。小中学校からの距離も四キロ以上ある。思わず私は、「これぞ信濃の国、〝まほろば〟だ」「ここにしよう、ここで、いい」とつぶやいた。

こうして、そこの約一〇〇〇坪ほどの土地を貸してもらうことになった。水は裏の沢の湧水を利用することになるが、水の使用については、水利組合の了解を得る必要がある、ということであった。このようにして、ようやく活動センターの建設地を探し出すことができた。

4、野外活動センターの完成までの道のり——苦労した建設資金の調達

▼建設資金の調達

活動センターの建設資金は、日本船舶振興会の補助金と一般募金を予定していたが、当時、オイルショックという世界的な経済不況に遭遇して、予定していた募金額が達成できず、資金調達は難渋を極めた。そこ

で、建設資金の不足分を銀行融資により充当しようと考え、取引のあった銀行と交渉したが、協力が得られなかった。

結局、地元の農協に融資の申し込みをすることになった。事業実績を示し、活動センターを担保に融資

写真3-3　竣工した野外活動センター

の申し込みをしたが、農協融資の定款条件に合わないということで承認されなかった。しばらくして、農協から融資条件が示された。育てる会へは直接融資はできないので、農家に融資する。育てる会はその農家から借りるように、とのことであった。この方法にしても、迂回融資といって、農協法では望ましい方法ではないとのことであった。農家が農協から融資を受けるには、農地を担保に提供する必要がある。しかし農家の合意を得ることは至難のことと思った。案の定、農家会合が何回か開かれた。多くの葛藤と苦渋を経て、融資が実現した。育てる会は、農家からその融資金を借り受けて、建設会社へ支払った。

育てる会は、契約に則り、農家へ借入金を返済しなければならなかったが、返済期間の短さと、返済金の大きさのため、予定通りの返済ができなかった。このため、約束金利のうえに、延滞金利まで加算され、金利だけでも日ごとに加算されるという事態となった。この危機を察知した数人の保護者が、農協への延滞金利の立て替え払いと、支払い期間の延長と金利の引き

下げ交渉をしてくれて、何とか事業継続の環境を作ってくれた。

すべての借入金は一〇年の歳月を要して完済した。活動センターの建設資金の借入と返済には、予想を超える苦労を伴ったが、その苦労を通して、貴重な教訓を得た。何よりもまず、育てる会が、活動の拠点を持てたことにより、その後の活動に確固たる自信を持てたことである。また、日常の仕事の処理、行動、人間関係に誠心誠意をもって当たることが、周囲の信頼を得ることになり、それが仕事の実現につながるということを学んだ。

▼行政の対応について

活動センターの建設に際して、行政の対応は以下のようであった。

農協融資については、行政も全面的に協力してくれた。しかし、その他の事業の進捗については、静観の構えであった。山村留学事業が順調に発展し、世間から注目され、かつマスコミなどに喧伝されるようになってから、行政は積極的な協力体制をとるようになった。山村留学事業が、村の活性化に寄与するという認識にたち、山村留学推進協議会が組織され、育てる会への財政的支援、並びに留学生受け入れ農家への助成が実現した。「子どもの教育のため、そして村の活性化のために貢献する農家への支援」という認識に到達したのである。

因みに、自治体が新規の事業に着手する場合、二つのタイプがあるように思う。一つは、首長の主導で事業が行なわれ、住民がこれに協力するというタイプである。つまり、トップダウンという行政主導タイプである。もう一つは、住民の自主的発想により事業が起こされ、行政がこれに協力するというタイプである。

八坂村の山村留学の場合は、当初は行政に頼らず、農家が民間団体である育てる会と提携して、自主的に事業に着手した。いわゆる住民主導と言われるタイプである。このタイプは市民運動的色彩が強く、事業の推進には「筋金入り」とでもいえる堅実さを持っている。この意味で、村行政が初期から参画しなかったことは幸運であったと言える。

これが、八坂村（現・大町市八坂）の山村留学の強みであり、それが山村留学が長年継続してきた原動力となっている。

〔註〕三つの呼称のある野外活動センター

育てる会の野外活動センターには、三つの呼称がある。

野外活動センターという呼称は、子どもたちが自然活動を行なう場合のセンターとなる機能を持つ施設のことである。したがって、周辺にはキャンプ場、スキー場などの活動場所があり、センターではそのための活動用品を備えている。

やまなみ山荘という呼称は、前面に幾重もの山波が望める宿泊のできる施設であることからの呼称である。

山村留学センターという呼称は、長期山村留学の活動で利用する場合の呼称である。

このように、一つの施設が利用目的や機能によって呼称が異なるところに特徴がある。本書では、活動センター、または山村留学センターという呼称に

した。

5、長期の山村留学の原点

ここではとくに、長期の山村留学に着手した経緯について書いておかねばならない。

一九七五年（昭和五十年）当時、八坂小学校はある程度の生徒数がいて、複式化という危機感はなかった。そんな状態のところへ、山村留学生受け入れの話を持ち込んだのである。

まず、教育委員会へ行き、山村留学の趣旨を説明し、留学生の受け入れを申し入れた。怪訝な顔をした教育長は、「村の者は、皆、都会のほうを向いている。そんななかで、こんな田舎の学校へ来たいというのは分からん。何か問題のある子どもたちか」と言った。

高度経済成長の真っただ中の社会状況を考えれば、この言葉は当然であった。学校側も同様で、理解に苦しんでいるようだった。

▼教育委員会での説明

在籍数を増やす必要がない状況の村の学校に、留学生を受け入れてもらうには、どう説明したらよいか考えをめぐらせた。私は教育長に、「都会の子どもが来れば集落に子どもの声が聞かれ集落が賑やかになる。子どもを受け入れれば、ある程度の農家の収入にもなる。そのうえ、学校の子どもの数が増え、学校にも活気が出てくる」ということを話した。また、「八坂村に留学した子どもは、この村が第二のふるさととなり、親子共々この村と長く付き合うようになる。都市と農村の交流ができ、将来は村の発展にもつながる」と話した。

教育長が最も心配している、「問題のある子ども、手のかかる子どもが来るのではないか」という心配については、「留学生の選考については育てる会が責任を持って面接選考し、入学後も育てる会のセンターの指導者が指導の任に当たるので安心してほしい」と伝えた。さらに、「育てる会のセンターには専任の指導者が常住するので、将来は村の子どもも泊まりに来てほしいし、また、留学生と村の子ども交えた、いろいろな活動をしようではありませんか」とも訴えた。教育長は、「そういうことなら結構なことだ。いいじゃねーかい。俺は、いいと思うがね。問題は学校だ。先生たちが、なんと言うか。とにかく学校へ行って、話してくれんかねー。俺もそのうちに、話してはみるがね」との返事であった。

時は秋、窓外の紅葉を背にして、ポツリポツリと語ってくれた教育長の、ほのぼのとした人柄は今でも記憶に残っている。

私は小学校と中学校へ出向いた。

訪問回数は数回におよんだ。毎回、校長、教頭が同席しての懇談であった。

▼学校での説明

私は学校で、「この村で生活し、村の学校へ通いたいという都会の子どもがいるので、ぜひ受け入れてほしい」と訴えた。また、都会の親の中には、子ども時代に自然体験や農業体験をさせてやりたい、また、自然の美しさを子ども時代の感動体験として、心の奥底に残してやりたい、という願いを持っている人たちがいることを訴えた。育てる会では指導者を配置して、責任を持って子どもの面倒を見るし、また、周辺の農家もこれに協力してくれることになっているとも説明した。

そして、さらに、「山村の子どもと都会の子どもでは生活体験が違う。これを授業に生かせないか。授業の内容が多彩になるであろう」「都会の子どもは発表意欲がある。こんな子どもと、何事にも控えめで発表にも遠慮がちである山村の子どもが共に学習することにより、お互いに良い刺激になるのではないか」とも話した。後者の点について、私はかなり自信を持って話せたつもりだ。なぜなら、私は山村と都会での教師体験があり、両方の子ども像を思い浮かべながら語ることができたからだ。

最後に付け足して、「育てる会は社会教育団体であり、学校教育には大いに協力したい」とも語った。

学校側は冷静に耳を傾けてくれたが、いずれにしろ、山村留学という試みは、世の中に例のないことなので、計画を語るほうも、それを聞くほうも、模索しながらの雰囲気であったように思う。

村の教育長とも何回か語り合った。その結果、教育長はこのように語った。「住民票をこの村に移したからには、義務教育の期間である以上、村の学校へ入れないわけには、いかないでね」と。

こうした村の教育界との懇談の結果、試みに留学生を受け入れようということになった。学校側からは、「初めての試みであるため、ぜひとも成功させたい。慎重を期して、中学生一名と、小学生八名の受け入れから始めよう」という返事をもらった。

▼留学希望者の願い

山村留学のそもそものきっかけは、「山村での活動が子どもに大変良かったので、もう少し長期にわたって山村に留まる制度はできないものか」という休暇中の活動に参加した子どもの保護者からの意見であった。保護者の希望によると、「せめて、一、二か月ほどの滞在期間を希望する」というものであったが、義務教育期間の子どもが、長期間、親元を離れて山村で生活するには、当然、住民票を山村に移し、地元の学校に通わなければならない。また、学校側の都合を考えると、一、二か月だけの在籍では、学校運営に支障を来すため、最低一年単位の在籍が留学条件であるということになった。

このような条件を示して、留学参加希望者を募ったところ、約三七名の希望者があった。保護者が書いた参加希望理由を読むと、山村の自然に触れる良さ、農家生活や集団生活への希望を感じていて、小規模校での学習にあこがれていることが分かった。本音を言うと、私は、まさか一年間も可愛いわが子を山村に手放す親がいるであろうか、また、育てる会として、そんな大それたことをしていいのだろうか、という疑問と不安を感じていた。しかし、約三七名の希望者が出たという事実が、山村留学に着手することを決断させた。

さらに、私が勇気を持って決断した、もう一つの根拠があった。

▼長期の山村留学を可能にした育てる会の基盤

何としても大きいのは、育てる会を支えてくれる信頼できる農家があることだった。

それまで、数千人の子どもたちの宿泊を体験した農家は、宿舎の提供を主とする農家から、教育的指導力を兼ね備えた農家に変貌していたことである。

そのように農家が変貌した大きな動機は、以下のようなことだと思われる。一泊や二泊で帰る子どもたちであるならば、お客様扱いですむが、長期間宿泊する子どもであれば、農家の疲労がかさみ長続きできない。長く続けるためには、お客様扱いをやめて、農家の一員として、わが子のように接しなければならない。悪いことは悪いで遠慮なく叱る、良いことは良いで褒める、という認識に農家が変わったのである。このような認識を持つに当たって、決定的な自信をもたらしたのは、自宅に帰った子どもの保護者や子どもから、「あのとき、厳しく叱っていただいて、ありがとう。またお世話になりたい」という感謝の手紙をもらったことである。農家は経験を重ねるなかで、「宿泊料をもらう客」という受身の姿勢の農家から、「子どもたちの躾や農業体験をさせる」という教育的扱いに長けた農家に変わってきたのである。

次に、山村留学生受け入れの主体となる育てる会の状況であるが、活動の拠点となる独自の「城」、すなわち収容人数一七〇人の山村留学センターが完備したという自信を持つようになっていた。信頼できる指導者を配置でき、専用施設として短期の活動並びに長期の活動を余裕を持って受け入れられる専用施設を持っているという自信である。

一九七六年（昭和五十一年）、このような背景のもとで山村留学事業が開始された。

6、一〇年かかってできた山村留学の基本システム

活動センター（山村留学センター）の竣工を機に、長期の山村留学を開始して一〇年が経過したとき、東京安田生命ホールで、山村留学一〇周年記念シンポジュウムを開催した。その際の討議資料として、一〇年間の山村留学体験者の声を集め、『山村留学の原点をみる――初期一〇年・参加者たちの声』と題する体験記録集を発行した。以下は、この体験記録集から得た示唆である。

（1）留学から帰った子どもを見た保護者の声

山村留学から帰った子どもを見た多くの保護者が、「思いやりの心が育った、よく動くようになった、ものを大切にし兄弟関係が良くなった、自我を主張し自主判断をするようになった、物を欲しがらなくなり質素な環境に満足するようになった」などと語っている。そして、「育てる会への要望」として、次のように語っている。

「知識偏重の時代にあって、育てる会の体験教育は貴重な存在である」「指導者の育成が大切である」「育てる会創生時期の情熱を忘れないように」「組織が大きくなることにより趣旨が薄められないか」「費用が

高すぎる、もっと低減を図りどんな子どもでも参加できるようにできないか」「子どもの変化を見て、山村留学の評価をすることに警戒を」「中学生の山村留学には高校受験対策が必要」「農家が民宿的にならないように」「もっと地域の子どもとの交流を」「遠い将来、地域の変革に結び付いた会の活動を期待する」などという要望が寄せられている。

【保護者たちの声から得た示唆】

・保護者は山村留学の原点である体験教育を求めている。育てる会は初期の理念を曲げてはならないと自覚する。高校受験のため受験指導をしてほしいという一人の保護者の要望に対して、厳しい議論が行なわれた。そして、「そのような希望があるならば、自宅に帰して家庭で受験指導を行なうべきである」という強い意見が出たことを覚えている。貴重な意見であった。

・「費用が高い」という意見については、センター宿泊のみでなく農家宿泊をとりいれると、どうしても費用が高額になる。将来的には、公費の助成を得るため実績を積んで、農家と共に行政からの助成を実現する必要を感じる。

・「子どもの変化を見て山村留学の評価をすることに警戒を」との意見。このように考える保護者がいることに感激する。この警告は、その後の山村留学の重要な課題と研究テーマとなる。「山村留学は『変わった、変わらなかった』などという現象面で捉えるのではなく、もっと本質を見つめた捉え方が必要である」という保護者の意見に重い示唆を得る。

・「地域の子どもとの交流を」と「地域の変革に結び付いた活動を期待」という二つの要望は、山村留学は、単に留学生の教育のみに目標を置くのではなく、地域の活性化へも貢献すべきであるという意見で、山村留学が地域の活性化にも責任があることを指摘している。

(2) 留学体験をした子どもの声

心に響いた子どもたちの言葉を列記してみる。

「山の木造校舎の先生になりたい」「山村留学で得た

もの、それは積もり積もった体験が、その場に応じて出るもの」「いじめられる中から、『なんだこの野郎』という気持ちへ変わった」「八坂の夢が芸術系の大学へ向かった」「八坂での一年は、後になって開くものがいっぱいつめられた一年だ」「村人の中に入れてもらえたことに魅力が」「山村留学が終わってからが真の山村留学」「『苦しさの中の楽しさ』それが山村留学」。

【参加した子どもの声から得た示唆】

・いじめにあった子どもから、「指導者は何をしていたんだ」という陰の声を聞いた。今後の指導者のあり方に重い示唆を受ける。

・たった一年間の留学体験が将来の方向を決める場合がある。体験の大切さを重く受け止める。

・山村留学はいじめられている子どもに、それに反抗する強さを持たせることができる。いじめ問題解決への一つの示唆がある。

・「山村留学の体験は、その後になって開くものである」とか、「積もり積もった体験が、その場に応じて出るものである」と語る留学体験生の意見と、「山村留学に参加することによってどのようなプラス効果があるのか」と考える保護者の立場には、大きな違いを感じる。子どもたちの感想には深い意味がありそうだ。子どもたちは何を語ろうとしているのか、これを知ることが、これからの山村留学の重要な研究課題と思った。

（3）村の学校の教師の声

▼生活面について

「都会の子どもから刺激を受けて、村の子どもに活気が出てきた」「村の子の視野が広がった、固定化された人間関係が崩れ新しい集団が生まれた」「食事の幅が広がったのでは」「クラスの雰囲気が明るくなった」「村の子どもは新しい視野、新しい考え方を知らず知らずのうちに学び取っていると思う」。

▼学習面について

「社会科で都会の様子がリアルに語られ、山の子どもたちが目を見張った」「留学生は算数の授業での発想が豊かで多面的な考えができる」「運動競技で人数が増えたので運動しやすくなった」。

▼マイナス面、危惧する面

「山村の子どもは服装などの影響を受けやすく、山の子どもらしくなくなった」「都会の子どもは直観力に優れており、簡単に分かってしまうことが多く『理由はわからないけれどどうなると思う』式の発言が多く、問題を深めていこうとする態度が浸透しない」「教科の進度の違いとその調整に苦労する」「低位の学力の子ども、やる気のない子どもには苦労する」「方言と共通語の混じり合いの指導をどうするか」。

▼留学生を担任して学んだこと

「社会教育の意味の大きさを知らされた」「留学生の特色を大いに現地の学校経営に生かしたい」「教育実践のあり方を常に学ばされる」「子どもたちが目的をもって生活することの大切さを知った」。

(4) 都市の学校の担任教師の声

山村留学を開始したころ、保護者は留学の手続きをする際、それまで通っていた都市の学校の担任教師の理解を得るのに苦労をした。そのときの、都市側の学級担任の反応は、二種類に分かれる。

ある担任は、怪訝な顔をして、「私の指導のどこが悪いのか」と問いただされたという。保護者は山村留学の趣旨を説明するのに苦労したそうだ。結局、十分な納得の得られないまま、転出証明書を書いてもらったとのことである。一方、ある担任は、「すばらしい。ぜひ行ってらっしゃい。その代わり、村の生活の様子を、知らせてほしい。社会科の役に立てたい。私もぜひ一度、現地を訪ねたい」と励ましの言葉をかけてくれ、学級送別会を開いてくれたという。

このように、送り出す都会側の教師にも、山村留学の受け取り方に大きな違いがある。

【都市と山村の担任教師の声から得た示唆】

山村留学生を送り出す都市側の学校、受け入れる山村側の学校それぞれにおいて、山村留学は、疑問、賛成、反対の葛藤を生んだ。このことは、両者にとって、青少年教育のこれからについて認識を高める重要な契機となるであろう。

以上の山村留学関係者の声から、多くの有効な示唆を得て、その後の方針を摑むことができた。

社会教育の立場に立つ山村留学は、体験教育を中心に据えて、子どもと保護者の声、学校教師の声、集落社会の声の統合の上に成り立つ「合作教育」であると言える。

このような認識から、以下のように、その後の山村留学指導の基本方針を確立することができた。

〔註〕因みに、体験記録集『山村留学の原点をみる——初期一〇年・参加者たちの声』には、各所に山村留学の原点が宿っているので、今日に至るまで、時に応じて再読して、その原点を確認するようにしている。

写真３−４　30周年記念、体験者によるシンポジュウム

写真３−５　30周年記念、伝統的農村民舞の体験発表

(5) 学園方式の山村留学システム

山村留学の体験者は、「留学地が第二の故郷となった」「留学体験は生涯に及ぶ体験である」と語っている。保護者たちも、「互いに友人となった」「村人とも交流できるようになった」と言う。

このような成果を知るとき、山村留学事業は生涯学習の一環として捉えることが適切だと考える。そこで、育てる会の山村留学を「学園方式の山村留学」と呼称することにした。山村留学の指導者は、常に、その体験が、その子の人生にとって、どのような意味を持つか、という観点から指導計画を立てなければならない。

山村留学を社会教育分野の活動と捉えるならば、村の学校教育や集落社会と密接な協力関係を保ちつつ指導を進めなければならない。

▼山村留学センター指導者の役割

山村留学を社会教育分野として実施する場合、活動の拠点が必要となる。それが山村留学センターである。山村留学センターには、専任指導者と施設管理担当者を配置する。指導者は留学生の生活指導、並びに休日を利用したさまざまな体験活動を行なう。留学生が農家生活に移った場合は、農家へ出向いて巡回指導を行なう。

指導者は、山村留学センターで、寝食、入浴、掃除、洗濯などの基本的生活指導を行ない、また、異年齢の子ども集団生活を指導することにより、子どもたちの社会化を促す。また、保護者代理として学校訪問を行ない、授業参観および担任との懇談を行なう。月ごとに、留学生の生活記録などを記した「山村留学通信」を発行して保護者へ送る。さらに、年度末に留学生の出身地(東京、名古屋、大阪)へ出向き、保護者に留学生活の様子を報告する。

山村留学センターは、村の子どもが参加する体験活動や、学校と協力しての合宿通学などを実施する。また、地域の社会教育機関と連携して、留学生保護者と地域住民との交流活動の推進を図る。

▼農家生活の役割

山村留学に農家宿泊を取り入れる理由は、集落社会の教育力に期待するからである。家族揃っての食事、家族労働、村祭りなどの年中行事への参加、集落共同作業への参加などは、山村の生活文化を体験するまたとない機会となり、日本の伝統的生活文化を受け継ぐ意味において、その教育効果は大きい。

農家生活に当たっては、子どもたちへ「農家生活のしおり」をわたし、それを農家生活の指針とさせる。

農家生活における子どもの構成は、一軒の農家に、異年齢の子ども三人から五、六人を理想とする。この人数と異年齢構成は、子どもたちの切磋琢磨という観点から必要なことである。ファミリー体験の場として農家生活を取り入れ、異年齢の子どもが数人で擬兄弟関係を構成して、共に助け合いながら生活を送ることの意義は大きい。ここに、子どもの社会化の要因が宿っている。

また、農家生活を通して、山村の伝統的生活文化に触れることは、留学地を第二のふるさととする効果も大きい。山村留学生が農家宿泊をすることは、それを巡って、山村地域に新たな刺激をもたらし、それが集落社会の活性化の一因となる。

▼留学生の選考で大切なこと

山村留学の教育効果は極めて大きい。しかしそれは、参加する子どもが、山村留学という条件に適合した場合である。したがって、留学生の選考は、子どもの立場に立って慎重に行なう必要がある。この選考を誤ると、子どもにとってマイナスの効果となる。選考の最も望ましい条件は、短期の活動の参加経験を有することである。短期の活動の参加経験により、子どもに心の準備ができることと、指導者にとっても、その子どもの指導の概要がつかめることである。

留学生受け入れの基本は、健康面や学力面においてとくに心配はなく、成長期の人格形成のために自然体験を取り入れたいと願う保護者の子弟を受け入れることである。ここに基準を置きながら、都会の環境から離して生活させることにより、心と体の健康を取り戻することが可能と思われる子どもの受け入れも考慮する。要するに、指導に自信の持てる範囲の子どもを受け入れることである。山村留学は子どもの発達段階での、補完、補足、治癒機能を持つという優れた教育機能もある。

7、山村留学へ参加する保護者への願い

▼指導者と保護者の信頼関係が成果を生む

子どもの留学参加への意欲を高めさせる準備段階として、短期の体験活動への参加を勧めたい。短期活動への参加経験のない場合は、親子で留学地を訪ね、留学生と共に生活し、通学を試みさせるなどを勧めたい。

山村留学は全国さまざまなところで、さまざまな方法で行なわれている。参加費用は、宿泊方法、自治体の助成の有無、指導体制（指導者数）などにより、かなりの違いがある。現地を視察し、内容をよく検討し、また、留学体験者に会って体験談を聞くことも勧めたい。参加、不参加の判断は諸条件を熟知し、子どもの決心のほどを確認したうえで、保護者が最終的に判断する。

育てる会の場合、留学生の成長にとって保護者会の役割は大きいと考える。山村留学は、子どもと離れて暮らすことにより、子どもの教育を手放すことではない。保護者は、子どもと一時、距離を置いて生活することにより、子どもを客観的に見つめることができる。そして、それまでの子育てを冷静に見つめ直し、そのうえに立って、それからの方針をつかむことができる。

そのため、育てる会はさまざまな機会を提供する。それは、指導者による活動状況の報告、保護者の現地訪問によるわが子の活動の様子の観察、学校訪問による担任との懇談などである。また、保護者同士が親しく交流する機会を設け、互いの教育方針を参考にするように配慮している。さらに、保護者と指導者の交流の機会を設け、理念の共通理解を得るようにしている。

こうした、理念の共通理解から生まれる指導者と保護者の信頼関係が、二年間、三年間という継続留学につながり、また、兄弟、姉妹のリレー参加につながる。

指導者は年度の終わりに、都市部に出向いて、保護者と個人懇談会を行ない、一年間の評価と次年度の方針を決めるようにしている。育てる会の山村留学が今日まで続いてきたのは、保護者と指導者の厚い信頼関係があってのことと思う。

▼保護者に理解しておいてほしい、もう一つ大切なこと

山村留学は法律に定められた制度ではない。したがって、山村留学への参加は、参加者の自由意志に任されている。本来、義務教育課程の子どもは、その家族の居住する地区の学校へ通学することになっている。こうした教育制度の下にあって、あえて、自ら選んで山村留学という教育活動に参加するのである。

山村留学に参加するということは、目的とする教育内容は異なっても、塾や、稽古事を選択することと選択形態は同じである。したがって、その選択には自己責任が伴う。この点をしっかり踏まえて、選択には慎重を期すことを勧めたい。

山村留学は、教育委員会の主催するもの、個人等任意団体の主催するもの、公益法人の主催するものなどさまざまで、指導内容、参加する子どもの状況、費用などはかなり異なる。この点を十分承知したうえで、参加を決めるよう勧めたい。

山村留学は子どもと生活を別にするのであるから、留学初期の頃は、とくに、保護者は不安な心情となる。指導者も、留学初期の頃は子どもを知るのに懸命である。また、指導者は、親代わりとなって食事の世話から生活の指導、登下校の世話など、二四時間の勤務体制で仕事にあたる。

山村留学は、こうした条件下にあるから、保護者の山村留学に対する信頼が何をおいても基本となる。

山村留学は多方面の教育力、つまり、山村留学センター、地元の学校、農家、集落社会などの教育力によって成り立っている。それ故、選択条件が適合した

場合は、優れた教育効果が期待できる。しかし、慎重を期して参加しても、万が一、留学地の学校や受け入れ農家、受け入れ団体の指導内容などに疑問を感じたり、子どもの不適応を感じたりしたら、担当指導者や学校側と慎重に相談のうえ、本来の住居地の学校へ戻ることを勧めたい。山村留学は参加者の広い適応幅を持つが、決して、どんな子どもにも対応できるという、万能の方法ではないことを、長い間の経験から申し上げたい。

一般に、山村留学生を受け入れる山村の学校は小規模校である。小規模校では、子ども一人ひとりに対応したきめ細やかな指導が受けられるという良い点があるが、反面、子ども同士が互いに切磋琢磨するという機能は劣る場合もある。また、留学生が参加することにより、山村校の学級が大きな影響を受ける場合もある。したがって、山村留学生を受け入れる学校は自校の運営を大切にしていることも、承知してほしい。

▼保護者への提案――一人二校在籍制度を

山村留学に参加する際、親子が涙で別れる場面を目にしたものだが、最近は、小学生時代に山村留学に参加し、いったん都会の学校へ帰り、中学生などになって、再び山村留学に参加する子どもが多くなった。一人の子どもが、都市部と山村部の二つの学校を、成長過程に応じて自由に選び、豊かな体験を積み、見事な成長を遂げて帰る姿を見ることが多くなった。この事例から、私は、一人、二校在籍制度という考えを持つにいたった。

社会教育、家庭教育の立場から、住居地の学校をファーストスクール、山村留学をセカンドスクールと考える。このセカンドスクールの中には、スポーツ教室、音楽教室、趣味教室、塾、進学教室なども含まれる。この中へ、私は山村留学を最優先に取り込むよう勧めたい。保護者は、いろいろとあるセカンドスクールの中のどれを選択すれば、わが子の成長に最も役立つかを考え、勇気をもって、それを選択すればよい。その一つが山村留学であると言いたい。この考えには、親はわが子の教育方針を主体的に選択する自由を持つと同時に、その結果についても責任を持つという意味が含まれている。

次に、家庭教育におけるセカンドスクールという考えを提唱するに至った理由を述べる。

▼山村留学を家庭教育のセカンドスクールと考える理由

私のこの考えは、「あなたは、あなたの子どものため、どの教育を選びますか」という問いかけから始まる家庭教育時代の幕開けとなるだろう。親は子どもの教育方法を選ぶ権利を持つと同時に、その結果に責任を持たなくてはならない。

思うに、江戸時代の読み書きそろばんから始まった学校教育は、識字教育の徹底、国定教科書などによる画一教育により、西欧文明に追いつくために、優秀な人材の選抜を行ないつつ、有名大学を頂点とするピラミッド型の教育体制を築いてきた。その結果、今日の繁栄をもたらした。

しかし、一つの価値観に向かって子どもたちを追い込む、このピラミッド型の教育体制に、体制疲労が出始めている。

一例をあげよう。

辛い受験勉強に耐え、難関大学に入学した子どもが、その大学の教授や講義内容に失望し、わざわざ難易度の低いと言われている大学へ転校し、そこで嬉々として学習に励んでいる事例がある。また、受験進学体制から見放され、無気力、不登校、社会的不適応と言われる子どもが年々増えている。

これらの現象は、体制疲労を持ち始めたピラミッド型の教育体制のなかで、その欠陥が、さながら通奏低音の如く鳴り響いているように思えてならない。

保護者の皆さんに申し上げたい。

親は家庭教育の責任者として、子どもの教育方法の選択に責任を持たなくてはならない。わが子の実態を冷静に見つめ、そこから、その子にとって最もふさわしい教育方針をたてるよう勧めたい。

次に、山村留学の一年間の過程と留学生の一年間の活動の様子を紹介する。

●山村留学生募集から一年間の過程

保護者・子どもが応募する

山村留学書類検討・参加申し込み

→ **参加準備として**

学校休暇中の活動へ参加

→ **入園のための面接**

面接—作文・体験歴記入・意志の確認

→ 入園の式

→ **留学中の活動**

指導者のもと、さまざまな体験活動に参加
センター活動・農家生活・現地校へ通学

→ 留学成果の個人体験発表

→ 修園式—留学賞をもらう

保護者会の行事

農家訪問・村の運動会・親子活動等参加
出身地で—指導者と面接・講演会等

春

◉写真で見る山村留学生の四季

写真 3-6　留学始め―体験課題の発表

写真 3-7　朝の集い―定時自然観察

写真 3-8　長距離の通学体験

写真 3-9　田植え体験

写真 3-10　信州味噌つくり食文化体験（長野県八坂村）

写真 3-11　風呂場掃除―奉仕体験

写真 3-12　正座して食事

写真 3-13　箱膳食体験

夏

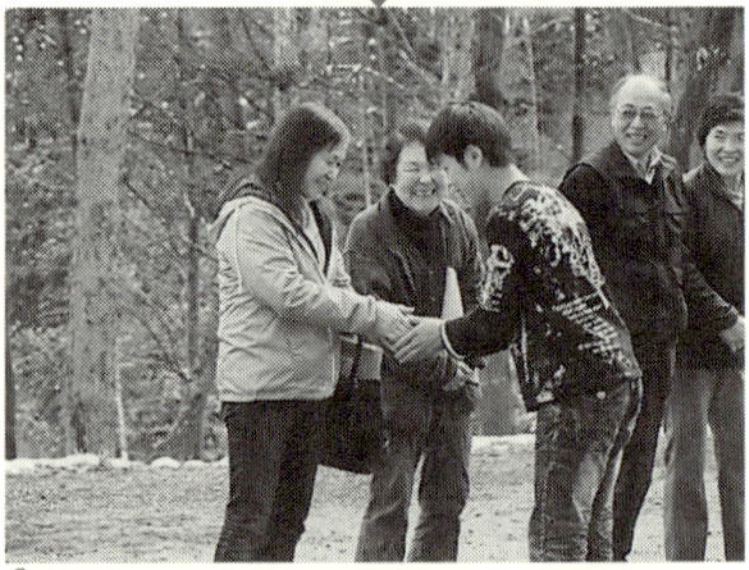

写真 3−14　農家の一員になる日

写真 3−15　農家団らんの体験

写真 3−16　感動と自己に打ち克つ体験（北アルプス登山）

写真 3−17　一人キャンプ生き残り体験

秋

写真 3−18　農産物出荷体験

写真 3−19　座禅体験

写真 3−20　稲刈りとハザ干し体験

写真 3−21　モミの選別体験

冬

写真 3−22　伝統文化の太鼓、民舞の体験

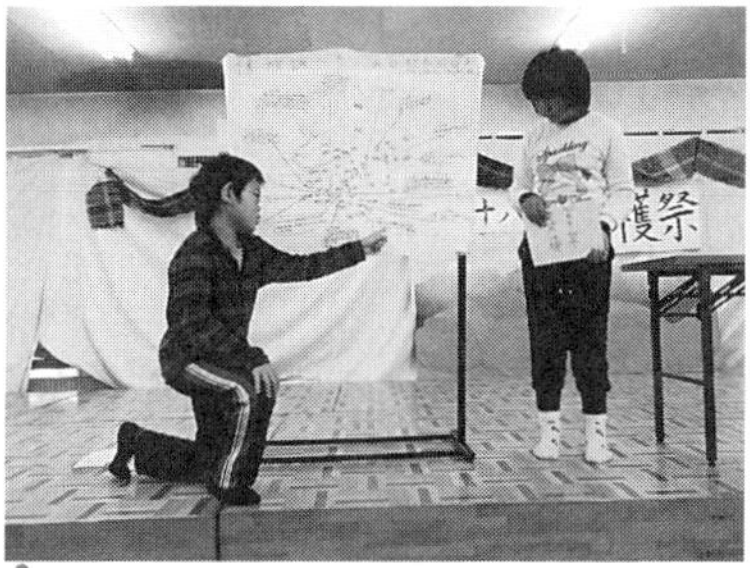

写真 3−23　個人体験発表

写真 3−24　バザーによる村人との交流

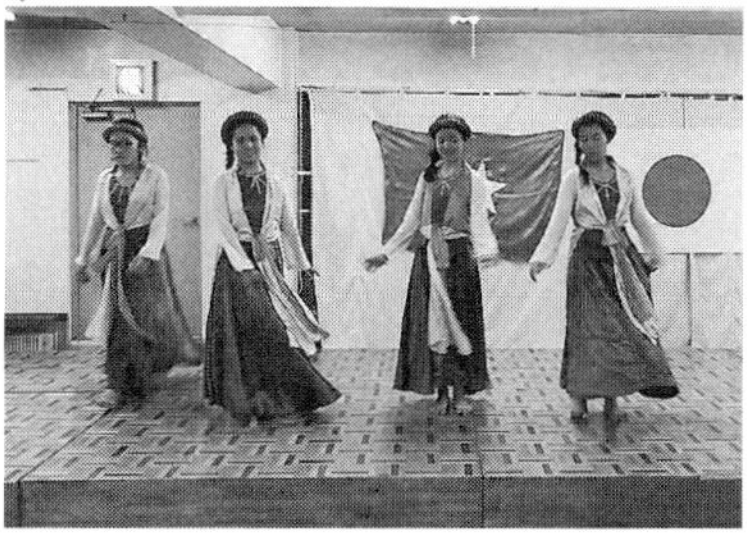

写真 3−25　異民族青少年との交流体験

写真 3−26　雪道の通学体験

写真 3−27　雪中での材木の切り出し体験

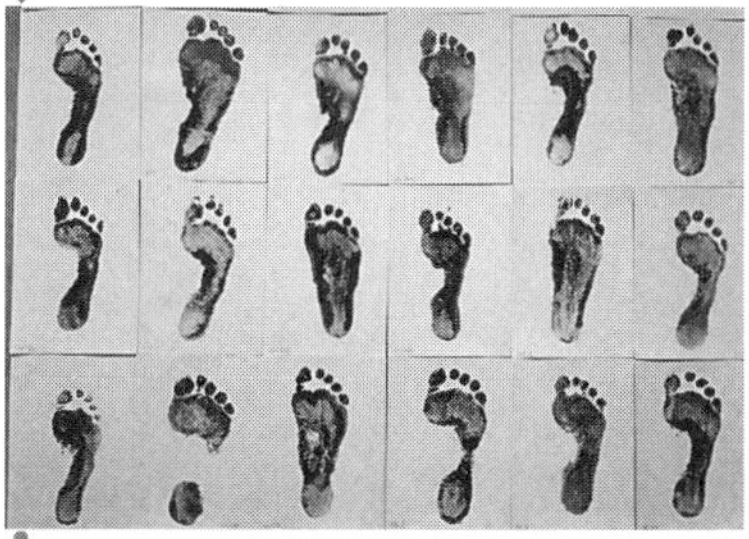

写真 3−28　足形変化の確認

写真 3−29　留学成果の確認

第四章　山村留学で子どもと親はどう変わるのか

山村留学は社会教育の立場に立つ教育事業である。教育理念を堅持しながら、その周辺に多彩な波及効果をもたらしながら進められる。山村留学には、留学生の保護者と家族、都市の学校・山村の学校と保護者、山間の集落社会、山村の行政、地域の活性化、故郷つくり活動など、実に多彩な人と分野が関わっている。山村留学は、このように山村の広い分野にわたって混乱と葛藤をもたらす。しかもそれは、青少年教育を中心課題とした建設的な混乱と葛藤である。この混乱と葛藤は、新しい世代へ向けての「止揚」の契機となるはずである。

本章では山村留学生の変容を中心に、それに関わる各分野にどう影響するかについて、体験と調査データに基づいて述べる。

1、最近の子どもと昔の子どもは違うのか

▼大人になってからでは遅い

「昔の子どもと最近の子どもでは、どんな違いがあるか」、こんな質問を受けることが多い。

確かに、山村留学を始めた当時、昭和五十年代から六十年代頃の子どもは、山村に到着するや否や、何も言わなくても、待っていましたとばかり自然の中へ飛

び出して行ったが、年代を経るにしたがい、とくに最近の子どもは、山村に到着するや否や、室内にこもり、ゲームに熱中することが多くなった。

自然の中へ飛び出して行った子どもたちの親の世代は、戦時中に疎開体験があったり、都市化のなかでもまだ自然環境が残っていた子ども時代を過ごしていたりするため、子どもにもそれが伝わっていたと考えられる。事実、この世代の親たちは、稲刈り作業などを行なうと「懐かしい」と言う。ところが、室内にこもり、ゲームに熱中する子どもたちの世代の親は、高度経済成長のなかにあって、親そのものの成長過程で自然環境が減少した時代である。事実、稲刈りなどを行なうと「知らなかった」と言う親が多い。

後者の自然を知らない子どもの問題について、教育上の重大問題と指摘する意見があるが、私は、知らないだけのことであり、たいした問題ではないと考える。自然の楽しさを知らないだけのことであるから、それを知らせてやればよいだけだと思う。

事実、自然の楽しさを知らない「ゲーム派」の子どもたちを、自然の中に連れ出し、例えば、野葡萄の芽を摘んで食べさせ、葡萄の味がすることを体験させたり、夕方に月見草の開花の瞬間を観察させたり、トマトやキュウリをもぎ取り食べさせたり、シジュウカラの巣箱に蛇が入り込むのを見させたり、山菜を採って食べさせたりすることにより、彼らはたちまち自然の楽しさに目を開く。また、都会と山村を往復することにより、空気の違い、水の味の違い、空の美しさの違い、そして四季に移り変わる自然の変化に目を開く。

参考までに、ここで、都市化社会の子どもが、自然の楽しさに開眼する瞬間を描いた事例を、指導者の記録から紹介する。

最初、子どもたちはゲームの話ばかりだったが、川で笹舟をつくって遊び出した。夢中になって遊びながら、一人の子どもが言った。

「家にいるよりズーッと楽しいよ。家で（都会）ゲームばかりやっていると、辞めようと思っても、『ゲームニコチン』で、どうしてもゲームやっちゃう。『ゲームニコチン』がないと、すごくいいよ」と（ニコチンとは中毒を意味する）。

以上に述べてきたように、子ども時代の感性は極めて柔軟であり、受容力に満ちている。少し環境を変えてやると、たちまちそれに適応する。それだけに、生活環境の影響を受けやすいと言える。ここにこそ、子ども時代に豊かな自然環境の中で生活させるという、山村留学の大きな意味がある。大人になってからでは遅いのである。

▼山村留学で子どもはどう変わるのか

「山村留学に参加することによって、子どもはどう変わるのか」という質問を、どれだけ受けてきたことか。

どうやら世間一般は、この点についてかなり関心があるように思う。この質問への解答を求めて、長年、山村留学の実践を続けてきた。この質問に関しては、保護者もさまざまな意見を持っている。

一人の父親は、「山村留学によって、すぐに子どもがどう変わるかなど、一切考えていない。遠い将来への心の栄養になれば、くらいに考えている」と言っている。また別の父親は、「何年もかけて親が育ててきた子どもが、わずか一、二年で変わることを期待することはおかしいではないか」と言っている。

また、留学を終え都会へ帰ったばかりの保護者は、子どもの様子を見て言う。「とくに問題もなく、都会の学校生活に入れた」と。しかし、何人かの保護者は次のようにも語る。「山村留学をしたが、結局、わが子は何も変わらなかった」と。

また、ある親は「帰ってからしばらくは、きちんとした生活をして、手伝いもよくしてくれたが、間もなくもとに戻ってしまった。今はすっかり都会っ子の生活です」と言っている。このような感想を語る親は多い。さらに、「わが子は、山村での子ども関係と、都会での子ども関係の違いに悩み、しばらくは都会生活に戻るのに苦労したようです」と語る親もいる。

留学を終えて帰ったころの子どもの心的状態は、価値観の違いの壁に突き当たる。それを比較的平易に乗り越える子どもと、その壁の克服に葛藤する子どもがいることも分かる。例えば、山村留学で歩くことの大切さを身に着けた子どもは、家族で遠出をして、帰り道で疲れたからとタクシーに乗ろうとしたとき、「このくらい、なぜ歩かないんだ」と反抗する事例を聞く。

このように、保護者の感想は、「山村留学によって、直ちに子どもが変化することを期待しない」と言う親から、「都会に帰ったら元に戻ってしまった」と落胆する親、「壁に突き当たって悩んでいるようだ」と言う親、「何も変わらなかった」と言う親など、実にさまざまである。

山村留学による子どもの変化に関心を寄せる気持ちは大いに分かるが、反面、このように現象面で山村留学の効果を考えることには、いささか疑問もわく。

山村留学による子どもの変化を、現象面を捉えて評価する保護者の考えと、一〇周年の時点で留学を体験した子どもが語った「積もり積もった体験が、その場に応じて出るもの」という考えとの違いはどこにあるのか、その問いへの答えを探し求めながら、子どもたちを見つめてきた。この課題こそ、その後の私の大きな課題となった。

では、この課題解決に向けて、私の「解決への旅路」の過程を述べることとする。

2、子どもと生活を共にして

▼留学生の生活環境、生活条件の設定

山村留学センターでの生活は、大部屋で一〇人ほどの雑魚寝方式とし、布団の上げ下ろしをさせる（留学生数は男女三〇人ほどの集団）。

通学距離は、小学生は片道四キロ、中学生は片道七キロで、標高差二〇〇メートルである。緊急時以外は徒歩通学を厳守させ、村人の自動車への誘いは断わる。金銭は所持しない。衣類の洗濯は各自でする。朝の会、ラジオ体操には全員が集合する。座卓で正座をしての食事。配膳と食器洗い、館内清掃は班別担当で

行なう。

▼留学生の生活場所と生活グループの構成

月のうちの約半数日を、育てる会の活動センターでの、指導者と共に行なう集団生活と体験活動にあてる。残りの半数日を農家生活とする。

農家生活での子どもの構成は、異年齢による数人構成とし、仮の兄弟姉妹関係（擬兄弟、擬姉妹関係と呼称する）で生活させる。年下の者には、年上の者を○○兄《にい》、○○姉《ねえ》と呼ばせている。子どもには「農家生活のしおり」を渡し、生活の指針とさせる。

▼保護者に守ってもらうこと

保護者には「保護者のしおり」を渡し、それを守るよう要請する。「しおり」には、任意に金銭、品物を子どもに送らない、任意に留学地を訪問しない、定められた保護者訪問日には積極的に参加するなどが定められている。

▼長期の集団生活での基本的生活習慣指導の必要性

山村留学生の多くは、都市化社会の子どもたちである。

日常生活では、何かと保護者の援助を受けて育ってきた。山村留学を境に、突然、その援助がなくなるのである。そこに、生活上でさまざまな混乱が起きる。山村留学の場合、生活が長期間にわたるので、定時の起床、食事、排便、洗濯、登校準備などという日常生活の基本指導が重要となる。

山村留学を始めた当初は、農家宿泊を主にして、休日のみ活動センターに集めて体験活動を行なう方法にした。この方法は、親元を離れた子どもがいきなり農家に宿泊するので、日常の生活上、さまざまな問題が生じた。また、指導者の目が届かなかったため、いじめ問題も発生した。

これらの反省から、山村留学活動センターでの宿泊を増やし、基本的生活習慣の指導に力を注ぐようにした。

▼入浴時でのこと

四月当初、新しくやってきた留学生は、それまでの親の保護、手助けがなくなったため、その分を、自己の努力で補わなくてはならない。また、集団生活上の諸規則がある。それも身に着けなくてはならない。

一人の子どもが浴槽から上がり、脱衣場で、ぬれた体を着ていたシャツで拭いていた。「タオルはないの」と聞くと、「ない」と言う。家ではいつも、お母さんが着替えと湯上がりタオルを用意してくれていたのだそうだ。「これからは自分で準備するんだぞ」と言ってやる。

また、脱衣後いきなり浴槽に入る子どもが多い。「大勢の人が入る風呂だから、風呂の湯を汚さないために、まず体を洗ってから入れ」と注意する。また、使った風呂桶と腰掛を、元の場所に戻すよう指示する。

▼食後のテーブル拭きのこと

食後は当番を決めてテーブルを拭かせる。一人の子どもは水の滴る雑巾をひろげたままテーブルを拭き、テーブル上のごみを床に払い落とす。その子どもは今まで、雑巾を使ったことがないと言う。そこで、雑巾の絞り方、雑巾の使い方を教える。

雑巾の絞り方を、絵に描いて食堂に掲示した。

▼布団の上げ下ろしのこと

畳部屋での就寝・起床時には、布団の上げ下ろしを行なわせている。このため、布団の敷き方、たたみ方を教える。ベッド生活の普及が原因と思うが、布団処理に慣れない子どもが多い。

▼衣類の洗濯のこと

洗濯は子どもたちが最も苦労する仕事である。洗濯機の使い方、衣類の干し方、衣類のたたみ方を教える。とくに、着替えた後の衣類（汚れたもの）と洗濯後の衣類の整理の仕方の指導には力を注ぐ。

洗濯作業は、異年齢の集団により助け合うよう指導する。とくに小学生については、中学生が手助けするよう指導する。

▼学習関係のこと

帰宅時の学校からの連絡書類の処理、宿題の完成などを習慣化させる。以上のほか、起床時の洗顔、歯磨き、トイレの使い方、トイレの掃除の仕方、箒の使い方、身辺の整理整頓の仕方など、習慣化させることは多岐にわたる。

基本的な生活習慣を、完璧と言わなくても、その子なりの能力範囲で身に着けることは、心の安定に大きく影響する。基本的生活習慣は、生活技術であり能力でもある。したがって、子どもによりその達成度には違いがある。その差は広い目で見てやりたい。問題は、集団内において、親と離れてもなんとか暮らしていける、という自信を得させることである。それが心の安定につながる。

基本的生活習慣を身に着けさせることは、集団生活を順調に進めるための基本的条件である。そのために、行動を具体的に示した「基本的生活習慣を身に着けよう」というビデオを作成して、それを活用して効果を上げている。

ここでもう一つ、基本的生活習慣について書きたいことがある。

指導者が厨房に入り、白長靴、白エプロンをまとい、食事つくりをした体験から、食事作法指導の必要性を学んだことである。

▼厨房から眺めた食事風景

厨房の窓を通して子どもたちの食事風景を眺めていると、いくつか気になることがあった。私たちの年代は食事に際して、親から厳しく躾けられたものである。この親（明治育ちの親）の「うるささ」は、いったいどこから来たものであろうかと、考えた。

たまたま、日本の「食」についての書籍を読んでいたとき、禅宗の僧、道元の教えに行きあたった。

道元は著書『典座《てんぞ》教訓《きょうくん》』で、食事作りも重要な修行の一つであると説いている。また、『赴粥飯法《ふしゅくはんぽう》』では、食事作法について詳しく述べている。

道元の『典座教訓』は、厨房作業に対する私の考えを大きく変えた。

従来、ややもすると、食事作りの仕事は「まかない人」、あるいは、「厨房作業員」の仕事と考え、子どもの指導とは別に考えていた。これは間違っていると認識した。道元の教えによれば、指導者も厨房に入り、食材の命を大切にし、子どもの食する姿を想いながら、心をこめて調理をすべきであるというのだ。また、道元が食事作法を説いた『赴粥飯法』の教えでとくに私が注目したのは、「心は形を作り、形は心を作る」という箇所である。

私は、「これだ」と思った。

子どもたちに美しい食事の仕方を教えようと思った。日本人の食事作法の源流、つまり、私たちの親が食事の際、「うるさく」言ったそもそもの元は、この道元の教えにある、と看た。ときたまＮＨＫ・ＴＶで、禅宗の修行僧の食事風景が放映された。正座し背筋をピンと伸ばして食事する姿が強く印象に残った。私の脳裏に座卓で食事をする子どもたちの姿が思い浮かんだ。

座卓での食事に変えよう、と決心した。

当時、竣工間もない活動センターの食堂には、新品のテーブルと椅子が所狭しと並んでいた。もったいないと思いつつ、思いきってこれを片づけ、新規に座卓を買い揃えた。座卓での食事は、背筋を伸ばして食事をする習慣づけには、極めて有効であることが分かった。

さらに、食事の様子を観察すると、また、別の問題があることが分かった。テーブルに片肘を突いて食べる「犬食い」をする子どもや、食わず嫌いで食べ残しの多い子どもがいることも分かった。

このことの解決に「箱膳」を使っての食事に思い至った。

▼「箱膳教育」へ着眼

「箱膳」への着眼は、当時、信州大学教授であった友人の関谷俊行氏の示唆であった。

私は町や村に設けられた小さな民俗博物館を巡って

は、片隅に置かれている使い古された大小の箱膳を見つめた。箱膳をジーっと見つめていると、そこで食事をする人の動きが、徐々に脳裏に浮かんできた。そして「やってみよう」と決心した。

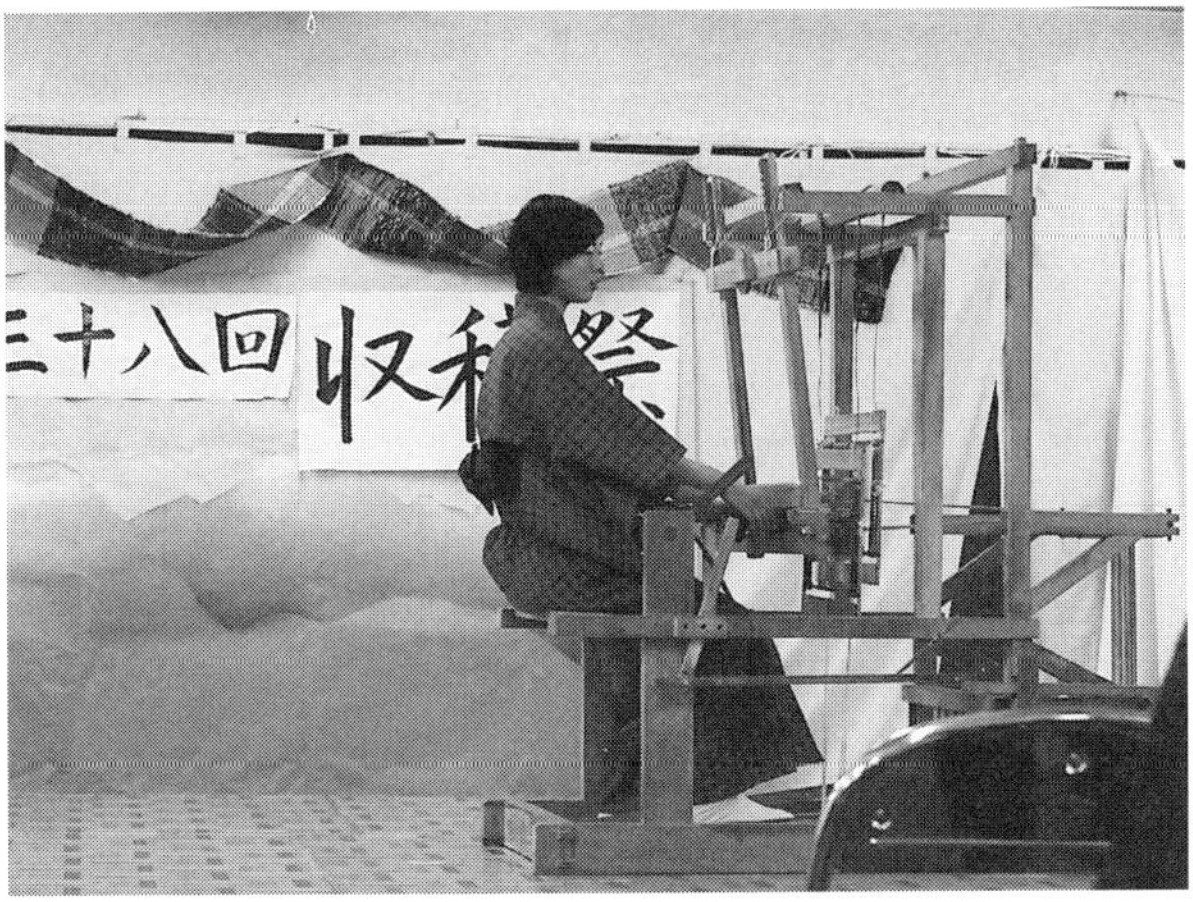

写真４−１　蚕を飼って布を織り上げた中学生

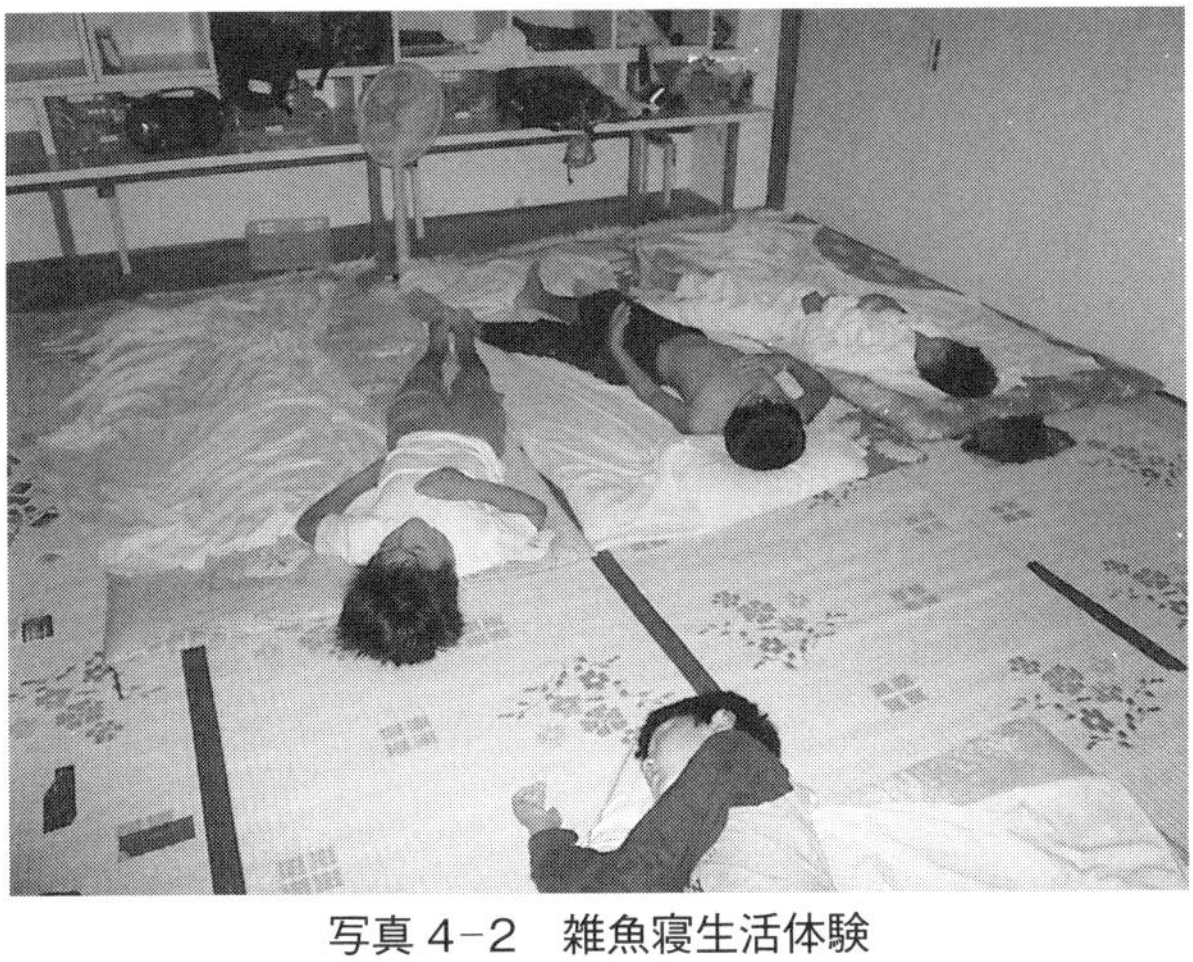

写真４−２　雑魚寝生活体験

〔註〕因みに、その際、関谷教授の語ってくれた、印象に残る説明の一部を紹介する。

箱膳には、「必要なときに出して使い、使い終わったら元の場所に片付ける」という文化がある。日本式の旅館では、畳部屋に食事テーブルが出され、そこで食事をする。食事がすむと片付ける。寝る時間となると、そこに布団が敷かれる。朝になると押し入れに片付ける。このように、一つの場所を、必要に応じて、必要なものを出して使い、使い終わったら片付ける、この方法が日本の文化だ。

また、箱膳は、子ども一人ひとりに作らせるとよい。自分の作ったものは、世界に一つしかないものだ。子どもはそれを大切にするはずだ。

▼「箱膳」とは

箱膳について、ここで簡単に説明しよう。

箱膳を使っての食事は、おそらく江戸時代から明治、大正、昭和の初期くらいまで、日本各地の家庭で広く行なわれていた食事方法と思われる。

箱膳には三〇～四〇センチ四方の箱に、茶碗、汁椀、菜皿、小皿、箸そして布巾が収められている。家庭ではこうした箱膳が、一人ひとりにあてがわれていた。食事をするときは、各人それぞれ箱を持ち出し、箱の蓋を裏返し、そこに食器を並べ、食物をよそってもらう。各人、箱膳を前にして正座をし、箸と飯、汁椀以外は手に持たず、すべての食物を均等に食べ進む。食べ終わったら、最後に残しておいた沢庵ひと切れを使って、注いでもらった茶湯で、各食器をすすぎ、最後にその茶湯を飲み干す。そして、布巾を用いて各食器を拭く。すべての食器を箱に収めて蓋をする。最後に、箱膳を台所の片隅に片付ける。必要なときに出して使い、使い終わったらもとの場所に返す、という作法である。

箱膳はこのように使われてきたものと思う。

昭和初期頃から、家族団欒の食事形態が好まれ、箱膳での食事から、ちゃぶ台での食事に変わった。また、衛生的な観点からも、伝統的な日本人の食事形態であった箱膳は急速に消えうせたと考えられる。しかし、私は箱膳での食事のなかに、大切にしたい日本人の伝統文化としての、美しい食の姿、形と心、を見るのである。

▼箱膳での食事から身に着くこと

箱膳食の体験で得られる食事作法上の効果は、概要、次のようなことである。

背筋を伸ばして食するようになる。肘をつく場所がないので犬食いなどをしなくなる。すべての食べ物を食べきるように努力する。したがって、好き嫌いの是正に役立つ。醤油、ソースなどを余分にかけると、最後に茶湯と共に飲み干さなくてはならないため、適度にかけるよう配慮する。自分の使った食器は自分で洗い片付ける習慣が身に着く。

▼箱膳食の思わぬ効用

子どもたちには、ときどき箱膳での食事をさせている。いつも感じることであるが、子どもたちは、箱膳での食事に興味を持つ。理由は多分、非日常的な食事方法への興味からと思うが、それともう一つ、自分一人だけに与えられた食卓の世界を感じる喜びかもしれない。

こんな嬉しいことがあった。

一般に、最近の子どもは、目刺（イワシ）を好まない。市場で仕入れた極上のイワシでも、あまり喜んで食べてくれない。箱膳食のおかずに、目刺を三匹ずつ出した。いつものこと、目刺を見て落胆する子どもが多かった。頭から身まですべて食べるように言った。子どもたちは無言のまま、もくもくと食べた。そんな食事の後、子どもたちが書いた感想文に目を通した。

こんな文章に出会った。

「あんなに嫌いだった目刺を初めて旨い、と感じた。箱膳は不思議だ」と書いてある。私は、「やはり、そうなのだ」と確信した。正座して、一人無言で食べることにより、食べ物をよく噛むようになる。噛みしめると、硬い目刺しの味が滲み出て、旨みが分かるのだと思った。

箱膳は固い食物の味を、噛みしめて味わうことを教えてくれる食事道具だと思った。

子どもたちは、ラーメン、カレーライスが好きだ。これらは、歯で噛みしめる味わい方でなく、流し込む味わい方である。箱膳は、歯で噛みしめる味わい方を教えるのに役立つと思った。そして、この噛みしめる味わい方を教えれば、食べ物の好き嫌いをなくすのに役立つのではないか、と思った。

箱膳食は毎日続ける必要はない。ときどき行なうことにより、食事作法の指導と、ある程度の食べ物の好き嫌いの是正に、優れた効果を発揮することが分かった。また、食事の仕方に「美」を求めるという日本古来の伝統を身に着けさせることもできる。

箱膳使用の場合、衛生管理にはとくに注意している。使用後は、別途食器を取り出し、洗浄、消毒、乾燥をするようにしている。

箱膳利用による食事作法の指導も、基本的生活習慣の指導の一つであることが分かった。

▼「三角食べ」の指導

箱膳食の場合、自分の使ったすべての食器を自分で片付けなくてはならない。このため、子どもたちに「三角食べ」を勧める。「いただきます」と挨拶をして箸を持ち、まず右に置いてある味噌汁を吸い、次に左においてあるご飯を食べ、次にその奥においてあるおかずを食べるという方法である。これを繰り返して、すべての献立を均等に食べ進み、最後は箱膳上のすべての食べ物を食べ切る。

この方法は、食べ物の好き嫌いをなくすのに有効である。

▼「好き」だから食べるから「生きる」ために食べるへ

育てる会では、食に立ち向かう姿勢として、「好きなものを食べる」という意識から、「生きるために食べる」という意識に変えることを課題としている。

わずか一、二年間の留学期間中に、好みの食材の選択域（食材域）を広げてやろうと意図するからである。このために、効果を発揮するのは、長距離を歩くことによる空腹体験である。毎日、往復一〇キロ以上の距離と標高差二〇〇メートルの山道の通学は、空腹体験にはもってこいである。休日以外は「おやつ」をなくし、食事のときまで空腹に耐えるように指導する。この効果は抜群であった。ほとんどの子どもが、出された献立を完食するようになった。

また、食材域を広げるのに、農家での食事体験の果たす役割も大きい。野菜を好まないのは都市の子どもの一般的傾向であるが、農家生活で野菜類の味を覚える。

農作業により、自分の作った野菜を食する体験も食域を広げるのに役立つ。

狩猟農家で猪、鹿、熊の解体を見て、肉の裾分けをもらい、それを食する体験は、自然の命をもらうことを実感し、自然に対する感謝の気持ちが生まれる。

育てる会では、食事の前に、全員揃って、自然の命をいただくことに感謝する「黙禱」をさせている。このようなことも、基本的生活習慣の指導の分野である。

写真 4-3　農家猟師に学ぶ、鹿の解体体験

▼地方食文化を味わう

長年、子どもたちと食事を共にして感じることは、献立の工夫と食事指導の大切さである。子どもの成長期こそ、食材域を広げてやる絶好の機会と思う。そのため、地元の年配の女性に厨房作業に参加してもらい、地元食材を使った土地の食文化を取り入れた献立料理を作ってもらうようにしている。このことは、子どもの食材域を広げることに大いに役立つ。

▼基本的生活習慣の指導で留意したいこと

集団生活での基本的生活習慣の必要性を述べてきたが、最後に、この指導で極めて重要なことを記しておきたい。

基本的生活習慣は、子どものそれまでの生い立ちや生活環境、個性によりかなりの違いがある。厳しい基準を設けて、それに到達するよう強制することは、かえって弊害を生む。子どもにより個人差がある。日常生活に支障がない範囲で、個人的到達度を広く認めてやる必要がある。

一例をあげると、手伝い、掃除などは積極的にやるが、持ち物の管理ができなくて、衣類などが各所に散乱している子どももいる。すべての面で完璧な子どもなどはいない。良い面を「山」と考え、欠点を「谷」と考えるなら、「山」をより高くさせる指導により、「谷」をしぜんに埋めさせるような、寛容的な心を持った指導が大切である。

▼「結界」の心を養う指導

山村の学校でのこと。こんなエピソードを聞いた。あるとき、山村の子どもが職員室の入り口に立ち、「へって（入って）いいだー?」と言って、許可を待っていたという。都会の子どもは「失礼します」と言って、許可を得ずに入ってきたという。これはあくまで一例であるとは思うが、山村のその子は、職員室の入り口は眼には見えない心のドアを持っているのではないか、と言うのである。他人の立場に対する微妙な心配りとも言える。

農家生活では、言われなくても自分で判断する心配りを身につけることができる。

写真 4-4　神事による自然への畏怖体験

農家生活を送るに際して、さまざまな注意事項を子どもたちに与える。例えば、農家にはたくさんの部屋がある。その中には、入っていい部屋と、入ってはいけない部屋がある。そのことを農家の人に教えてもらい、「自分で判断して守るように」と言う。また、冷蔵庫などを開けるときは、「必ず一言、ことわるように」と注意する。つまり、入っていい部屋、いけない部屋、していいこと、してはいけないことを、適宜、自分で判断して行動するよう注意するのである。

このように、自己の行動範囲を、自己の判断で「線引き」することを「自律心」と言う。セルフコントロールの心と言ってよいであろう。集団生活ではこの自律の心が必要であり、また集団生活はそれを養う優れた場である。

子どもたちはときには喧嘩もする。殴り合いもする。そんなときには厳しく注意する。殴り合いしながらも、自分が勝ち目になったとき、「それ以上殴ると相手を傷つけることを考え、手控える心を持て」と注意する。

小学生と中学生が共に生活するなかで、さまざまな葛藤が生じる。中学生から見ると小学生の仕事の処理は、なんとなく緩慢に見え、気持ちがいらだつ様子が見える。こんな場を見て注意する。「相手は小学生だ。小学生に対する接し方は、中学生同士の接し方とは違う。小学生に接するときは、一歩立ち止まって小学生向きの接し方を考えろ」と。

また自律の心を養うため、神事を行なう。

▼「結界」の心と神事

十一月、農作業の収穫を祝って自然の神様に感謝する「神事」を行なう。

子どもたちと共に祭壇をつくり、周囲に竹を立て注《し》連《め》縄《なわ》を張る。

私は注連縄の意味を説明する。「今、君たちがいる場所は注連縄の外であり、自由に行動できる世界である。注連縄の中側は神様の世界であり、戸はないが勝手に立ち入ってはいけない世界である。このことを『結界』という。このように君たちの生活のなかにも、規則がなくても、してはいけないこと、していいことがある。つまり、『結界』があるのだ。例えば、人を殺すことは『結界』を破ることである。これは恐ろしいことだ。このように、人生にはいろいろな場所に『結界』がある。『結界』の心は誰も教えてくれない。自分で判断するのだ」と説明する。

特定の宗教に強く依存しない日本人の生活文化において、この「結界」の思想こそ、子どもに教える有効な心の教育法だと思う。

3、葛藤の壁を乗り越える子どもたち

▼葛藤体験で思いやりの心が育つ

留学体験者たちが、山村留学の体験について、どのような感想を持ち、体験がその後の人生でどのように生きているのかを追跡調査してきた。

留学終了後の多くの保護者が語る感想の概要は、「思いやりの心が育ち、親への感謝の気持ちを持つようになり、親子関係、兄弟関係がよくなった」というものである。また、留学生本人は「山村留学は何物にも代えがたい体験となった」と語ってくれた。学習面では山村の学校だからといって劣るようなことはなく、むしろ、「集中力がついた」と語る子どももいた。

これらの発言が出てくる理由は、どこに起因するのであろうか。

留学センターでの集団生活と農家生活における異年齢構成による擬兄弟、擬姉妹関係の生活のなかで、自己の居場所を全体の中に見出そうとする努力と、自己主張をしようとする欲求との葛藤が、山村留学の効果となって現われるのではなかろうか。留学生たちは、集団生活、農家生活におけるさまざまな場面で、人間関係の葛藤に遭遇し、それを通して集団に順応する力と自己を主張する力を身に着けていく。つまり、社会化と社会力を身に着けるのである。この、社会化から社会力の獲得へ向かう葛藤過程の中にこそ、留学生たちの成長の源が潜んでいる。

この過程を具体例のなかに見ていこう。

▼校庭での争いを通して

山村の小学校でのことである。放課後、子どもたちが校庭で野球をやっていた。バットはそこらに落ちていた太めの木の棒。球は使い古したテニスボール状のものであった。校庭には、正式なサイズのベースの印があり、そこに、使い古した白いベースが置かれていた。

子どもたちの年齢構成は、留学生を交えて、小さい二年生から六年生までであった。野球が始まった。低学年の子どもが玉を打っても、ベースまでの距離が長いため、毎回、出塁できなかった。

そこで意見が生じた。

山村の子どもたちは、小さい子どものためを考えて、ベース板の位置を短くしようと言った。

これに対して、留学生たちは野球のルールである正式なベースの距離は守るべきだと、主張した。言い合いの結果、物別れとなり、山村の子どもたちのみで、ベースの距離を縮めて遊びだした。留学生たちは、チームから離れて別の場所に移り、別の遊びを始めた。

この場合、どちらが正しくてどちらが悪い、と考えるべきではない。

大切なことは、両者の考えの違いの葛藤である。この葛藤を通して、両者は複雑な思考と精神土壌を、体と頭の中に浸み込ませたはずだ。

山村の子どもの思いやりの心、都会の子どもの規則を守ろうとする心、そして自己の意見を主張する心などの間での葛藤体験こそが重要なのである。

▼通学道路の歩き方を巡って

朝の通学路での歩き方について、村人から苦情が寄せられた。村人が言うには、留学生たちは狭い道路を、勝手に広がって歩く。車で通り過ぎるのに困る。道路の端を歩くように指導してくれ、とのことである。

子どもたちは、この苦情を巡って話し合った。

一部の子どもは、「折角、山の学校へ来たのだから、道路くらいは自由に歩きたい。都会では道路を自由に歩けなかった。それに、車もたまにしか通らないではないか」と言うのである。

これに対して、一部の子どもからは、「たまに来る車でも、止まって僕たちが避けるのを待っていてくれる。朝の忙しいときには迷惑だと思う」という意見が出た。この意見に全員が納得した。

そして、話合いの結果、朝の通学の際は、道路の端を縦に一列に並んで歩く、ということになった。道路の歩き方について、留学センターの方針は、通常は山側歩行を勧めているが、多量の降雨の際は、山崩れの危険を避けるため、谷川歩行を勧めている。

子どもたちは、通学路の歩き方についてさえ、自分たちの都合ばかりでなく、他人の立場、危険防止への配慮など、多方面への気遣いをしなければならないことを知る。ここにも葛藤がある。

▼生徒会の役割分担を巡って

中学二年生の三学期は、三年生に向けての生徒会の役割分担を決めなくてはならない。生徒数の少ない山村の学校の場合、一人何役も分担しなくてはならない。勢い真剣な話合いとなる。

この中に留学生がいた。彼は、何気なく、気軽に「俺は、どうせ、来年、帰っちゃう、俺を外して決めてくれ」と言った。この言葉が思わぬ波紋を引き起こした。学級全体の熱意が急激に冷めてしまったとのことだった。要するに、全体がシラケてしまったというのだ。

村の子どもだけになったとき、「だから留学生なんか、いないほうがいいんだ」とか、「でも、彼はいいやつだよ」などという意見が交わされたということである。

後日、その留学生に、事の次第を伝えた。彼は、気軽にしゃべった言葉が、思わぬ重みをもって聞き取られたことに驚くと共に、自分のあり方に悩んでいた。ここにも葛藤がある。

▼両親に会えた子どもの他人への心遣い

育てる会の山村留学の場合、年間平均して、一二回ほど両親が現地を訪ねる。聞くところによると、現地訪問の際は、仕事に忙しい父親も、何とかやりくりをして時間を作るそうだ。現地訪問のときは、現地につくまでの数時間、車内で、あるいは列車内で、わが子のことを語り合う。この時間が貴重であるという。中には、子どものことでこれほど長時間、夫婦で語り合ったことはなかったと語ってくれた親もいた。同行する姉妹兄弟も、しばらく離れていた姉妹兄弟に会うのを楽しみにしているそうだ。こんなことが、兄弟関係が改善される元になるのかもしれない。

親の来訪の日、久しぶりに会う留学生の心のうちは複雑である。嬉しさいっぱいであろう。しかし、それをどう表現したらよいか考える。

親は言う。「久しぶりに会ったのに、わが子は平然としていた」「喜びのあまり親元に近寄ってくるのを期待していたが、近寄ってこなかった」「期待外れであった」などなど。

親が帰った後、このことについて子どもの意見を聞いた。「僕は嬉しかったよ。でも、まだ親が来ていないほかの者たちのことを考えると、表立って嬉しさは出せないもん」と言うのである。

子どもなりに、周囲に気遣う心の葛藤があったことを知ったのである。

山村留学に出すことにより、子どもに思いやりの心が芽生え、兄弟関係がよくなり、親への感謝の気持ちを持つようになるというのは、こうした心の葛藤体験に原因があると思う。葛藤とは、情感（感情）と、考え（思想）の絡み合いだと思う。この結果が、留学生の心を成長させる。その場が山村留学にはある。

葛藤経験を積み上げた結果として、次のような心遣いをするようになる。

▼六個の餃子を巡って

夕食時のことである。育てる会の食堂では、食欲の旺盛な中学生のために、お代わりのおかずを豊富に用意している。中学三年の子どもが、お代わりを取りにやってきた。私は、しばらくその子どもの行動を見つめた。その子どもは、全員に向かって語りかけた。

「お代わりの餃子が六個あるけれど、三個もらいます。ほかにほしい人いますか。よろしいですか」と問いかけた。これに対して、何人かが「どうぞ」と言った。中学生は「ありがとう」と言って、餃子を取り、自分の座席に戻った。

上級生の、この何気ない気遣いの言葉は、下級生たちへの無言の教訓となる。とくに、常にすべての物が自分に与えられるように育った一人っ子には、大いに参考になる心遣いだと思う。

以上の事例に見るように、留学生はさまざまな葛藤に遭遇する。一見、のどかな山村生活のように思えるが、人間関係は稠密であり、常に他人の立場も考慮して生活しなくてはならない。そして、この考慮に対して、周囲も温かい心の配慮をする。それが山村生活なのである。このような葛藤体験を通して、子どもたちは精神的に成長する。このような葛藤を体験することにより、子どもたちの心は成長し、集団生活のなかで自分の居場所を確立していく。つまり社会化を成し遂げていくのである。

では、次に、指導者の眼に映った留学生の姿を見てみよう。

4、指導者の眼に映った子どもの姿

▼いろいろな「心の服」を着た留学生

山村留学に参加してくる子どもは、皆、なにがしかの意気込みを持ってやってくる。

「自然を学ぶんだ」「体を鍛えるんだ」「友だちをつくるんだ」などという、前向きな姿勢の子どもから、「気が弱いので、少人数の学校に」とか、「親に勧められてなんとなくやってきた」とか、また「村の奴らなんかに負けないぞ」などと、理由はさまざまである。要するに、何らかの「気負い」「決心」を持ってやってくる。これは当然のことである。

山村留学の子どもを見ていると、それぞれの生い立ちのなかで、さまざまな社会的影響を受けた心の「服」を着ていることも実感する。「服」とは、気負い、期待、決心、さらには自己顕示や意地っ張りの心情と言おうか。山村留学の初期の仕事は、この子どもたちの、気負いの衣類を取り除いてやることである。

ところが留学生たちは、時が経つに従い、この荷物をいつの間にか、自然に下ろしていくのである。自然を学ぶとか、体を鍛えるとか、友だちを作るなどという、都会から抱いてきた抽象的な目標の数々は、多彩な自然現象や、複雑な他人との葛藤、また、予想だにしなかった長距離通学の苦労などに直面し、これらの厳しい日常生活のなかに飲み込まれ、消え去ってしまうのである。

体験するということは、それまでの抽象的な観念を打ち砕き、新しい概念を再構築することである。

体験を経た子どもは、自然とはどういうものかを知る。体を鍛えるとはどういうことかを知る。友だちを作るにはどういう苦労があるかを知る。これらの認識への到達には、厳しい葛藤体験をたどる過程が潜んでいる。

以下は、村の中学校長からの報告である。

四月、都会から中学二年の男子留学生が入学してきた。その中学生は両手をポケットに入れ、肩を左右に振り、上目づかいで人を眺め、廊下の真ん中を闊歩していた。都会で習慣化した自己顕示の態度と看て取れた。

二学期を過ぎた頃の朝のこと。廊下で行き違ったとき、両手をポケットから出し、背筋を伸ばし、明るい声と笑顔で、「おはようございます」と挨拶したとのことである。

このように、「山村留学に行くからには」という心の内部に抱いていた何らかの「構え」が、山村での生活体験に触れて、そんな構えはまったく不要であり、役に立たないものであることを知るのである。

また、子どもによっては、複雑な生活環境から身を守るため、自己防御、自己顕示の「心の纏《まとい》」を身につけている場合もある。こんな子どもの場合も、山村生活で緻密な人間関係に身を置き、美しい自然環境に接し、そして規則正しい日常生活を体験すると、それまで心に纏《まと》ってきた自己顕示や自己防御の構えは、まったく不必要であり、役に立たないことを知る。そして、心の纏を脱ぎ去り、その子ども本来の姿を現わす。素直になった心が現われると、笑顔で周囲と語ることができるようになる。山村生活での体験という現実が、すべてを変えるのである。

夏休みなどでの数泊の活動に参加して、その楽しさにあこがれ、同じ楽しさを求めて山村留学に参加した子どもが、五月頃の時点で、「山村留学は、そんな甘いものでないことが分かった」と述懐するのを思い出す。

▼「欲求不満耐性」の獲得

さらに、子どもたちの変化に重要な役割を果たす体験がある。それは、「欲求不満耐性」の獲得である。

欲求不満耐性とは、欲求が満たされないことに堪える力のことである。山村留学の欲求不満には二つの面がある。本来の家庭の愛情から隔離されているという精神面の欲求不満と、それまでの満ち足りた物質的環境から隔離されているという物質面の不満である。

とくに、この物質面の不満は大きい。都会にあっては、テレビ、漫画、ゲーム、刺激的なファッションなど、いつでも要求をかなえてもらえる環境にあった。それが、突然、そのような環境から遮断されるのである。

起床、就寝、食事、清掃、入浴は、決められた日程に従わなくてはならない。通学は徒歩で長距離を歩かなくてはならない。不満に満ちた生活の連続である。

「ここに来たのはよかったのか」「辛い毎日に耐えられるのか」「ゲームをやりたい」「友だちはできるのか」「親や兄弟はどうしているか」「来たからには一年間は頑張らなくては」などと、留学生たちは心の内で葛藤する。このような生活を続けるうちに、それに慣れ、あきらめの気持ちが出てくる。一方、親しい友だちができ、学校の少人数学級の親密さ、自然体験の面白さと美しさ、農家のやさしさなどが、欲求不満による心の空虚を埋めてくれる。子どもたちは、憑き物を払いのけたごとく元気を取り戻す。つまり、これが欲求不満耐性を身につけた証である。

夏休みが過ぎる頃、多くの子どもが語る。「自分で決心してきた道だ、最後まで頑張るぞ」と。このころから、その子どもにとっての、本格的山村留学活動が始まるのである。

欲求不満耐性を身につけることは、山村留学の前提条件である。成長期における柔軟な環境適応力こそ、欲求不満耐性を獲得するための、心の葛藤能力である。山村留学の生活環境には、「欲求不満耐性」を養う条件がそろっている。

基本的な生活技術を身につけ、自然の楽しさを知り、欲求不満に慣れ、余分な気負いを捨て、親しい友人ができたとき、その子どもは、心にゆとりが出てくる。このようになることを、子どもが社会化を獲得したと考えてよいであろう。

社会化を獲得した子どもは、自らの力で発言や行動を起こすことができる。つまり、集団内で自己の考えを発表し、積極的な行動も起こすようになる。こうなると、社会「力」を発揮する段階へと進む。

5、社会化から社会力に向かう子ども

人間というものは、それぞれの生い立ち、過去の経験から、独自の生き方を導き出して生活している。子どもの場合も同じで、それぞれの生い立ちや家庭環境、社会環境などの影響を色濃く映し出しながら生活している。新学期が始まった四月の頃、集団内に争い、喧嘩、反抗などの葛藤が生じるのはこのためである。指導者による子どもたちの行動記録には、それが克明に描かれている。

子どもたちは、こうした集団生活内での葛藤を通して、徐々に生活に不都合な心の「纏」を脱ぎ捨てていく。

入園から数か月、心温まる農家での暮らしと、美しい自然との対話は、子どもたちの心を和ませる。つまり、過去から持ち込んだ、片意地や、先入観、気張り、バーチャルな知識、過去の生活習慣などが篩《ふるい》にかけられるのである。

集団内での葛藤も、様相が徐々に変わる。相変わらずの不和や争いがあるものの、片面では、安定と落ち着きの様相を呈してくる。それぞれの子どもが、集団とうまくやっていくには、自己をいかに制し、その一方で、自己をいかに主張したらよいかを体験的に学んでいくのである。つまり、それぞれの子どもが、社会化に向かって進むのである。

現代の子どもたちの成長過程は、大量の情報と厳しい競争のなかにあって、自己主張の場は与えられても、集団に巧みに適応するという、社会化の能力を養う場は著しく欠如している。社会化の欠如こそが、いじめ、不登校の大きな原因となっていると思う。

山村留学にはこの社会化の場が豊富にある。過去の生い立ちや社会環境に由来するさまざまな「柵」から開放された子どもは、その子ども本来の姿を取り戻す。集団の中に自分の居場所を見つけて心の安定を獲得した、つまり社会化を達成した子どもは、集団への積極的な働きかけを開始する。「僕は、こう思う」「私は、こう考える」という姿勢に変わるのである。

つまり、一人称を使って話すようになる。これを「社会力」を発揮する段階と考える。

留学センターでの集団生活と、農家における異年齢構成による仮の兄弟、仮の姉妹関係の生活は、集団に適応する「社会化」と、それをベースにして集団において自己を主張する「社会力」の獲得へと留学生たちを向かわせるのだ。ここに至るまでには、「自己」と「他人」の関係をどう処理するべきかという心の葛藤の連続があったことであろう。社会化と社会力、この二つの間の葛藤が思いやりの心を醸成するのである。

6、「社会力」を獲得する子どもの姿

▼集団の中で「個」を発揮できる力

社会力とは、集団の中で、子ども本人が持っている力、つまり、個性、特性を発揮できる「力」のことである。

具体例を挙げて説明しよう。

中学生たちが、山村留学センターでの集団生活につ

いて話し合ったときのことである。テーマは、「山村留学センターでの生活には自由があるかどうか」というものであった。

一部の中学生が語った。センター生活では、テレビが見られない、漫画も見られない、洗濯は自分でしなくてはならない、就寝・起床の時間は決まっている、携帯電話は禁止、小学生の面倒を見なくてはならないなど、自由がまったくない、と主張した。

この意見に対して反論が出た。それは違う。今言ったことは、みんなが快適に過ごすための最低限の約束である。この約束さえ守れば、このセンターでは、そのほかのことは自由ではないか。自分が興味関心を持ったことは何でもできる。自由はいっぱいあると思う、との反論である。

説得力のあるこの意見に、誰も反論できなかった。事実、山村留学センターでは、最低限の基本的約束さえ守れば、その他の行動はまったく自由である。集団の中で社会化を果たし、安定した自己の立場を確立した子どもは、次には集団に積極的に働きかけるようになる。これが社会力である。

年齢の上の子どもは、所属する集団を、よりよい方向に向けようとリーダーシップを発揮する。年齢の低い子どもは、それに協力的に参加しつつ、建設的な意見を提案する。そこには互いの個性、特性の是認と尊重がある。

▼子どもの笑顔が語るもの

「社会化する」とは、要するに、個性・特性の違い、能力の違いがあっても、集団の中で自分の居場所を見つけ、とにもかくにも、何とかうまくやっていくことができる力を持つことと考えてよいであろう。

少子化社会の影響のためか、この社会化が苦手な子どもが増えている。社会化するには、基本的生活習慣の獲得とか、人の言うことに耳を傾けるとか、他人に譲る、といったゆとりを持つ心の状態を必要とする。子ども社会の中で自分の居場所を見つけることができた子どもは、心の安定を得ることになり、笑顔も生まれるのである。

▼社会力で行動を開始する子どもたち

さて、社会化を達成した子どもの様子を見ると、集団の中に居場所を見つけた安心感と、自分の行動は自分で決めていいという自信から、自分なりの力で何かをやろうという意欲を持つようになる。前述したように、これが社会力である。

社会「化」と社会「力」の獲得過程は、同時に進行することが多いことはもちろんである。

このようにして社会力を獲得した子どもは、目と目を合わせて、指導者と本心で語り合うことができる。

子どもの社会化と社会力の形成は、子どもの成長過程において必須の条件である。その場所は集団生活の場所をおいてほかにはないであろう。その場所としては、親の干渉から離れて他人と共同生活を送るという山村留学の場が最適である。

本来、社会化と社会力は、一面において矛盾する要素を持つ。全体のために妥協することを必要とされ、反面では自己を主張することが必要とされる。つまり、葛藤体験を要求されるのである。この葛藤体験の場が、センター生活における多人数での集団生活であり、農家生活での擬兄弟関係の生活の場なのである。

このような場で、子どもたちは、社会化を果たし、社会力を獲得する。個々の子どもが社会化と社会力を獲得した子ども集団には、活力がある。主張と譲り合い、是認と規制、自由行動と制約行動などが複雑にまじりあいながらダイナミックに移りゆく集団である。

社会力を持った子どもは、自ら行動を起こす子どもに変貌する。集団をまとめることへの働きかけを行ない、周辺の事々や自然の事象への興味・感心を持つようになる。つまり、積極的な行動を開始するのである。

7、課題解決活動に立ち向かう子ども

▼歩くことで自由を楽しむ

山村留学生は往復一〇キロ以上の山道を、徒歩通学をしなければならない。このように通学路を設定した主たる理由は、体力の増強と維持にあった。ところ

が、この長距離の通学体験には、そのほかにもっと重要な効果が秘められていることが分かった。

大勢の留学体験者が、「長距離の通学が良かった」と言う。子どもたちは、朝の登校時は急いで歩くが、帰校時はゆっくり歩く。これが良かったと言うのだ。とくに、小学生は帰校時の道草が良かったようだ。その理由は、道草という自由があったからだそうだ。

そういえば、帰校時、「今日はこれで、三〇個目のアケビを食べた」と言って自慢している小学生がいた。また、道路にランドセルが放り出されているので、暫く立ち止まって待っていた。林の中から小学生たちが出てきた。「サルナシを食べてきた」と言う。また、道端に座って、シロツメ草の花輪を編んでいる女の子たちがいた。こんな自由が良かったというのだ。

登校にはあまり積極的ではなかった一人の女子中学

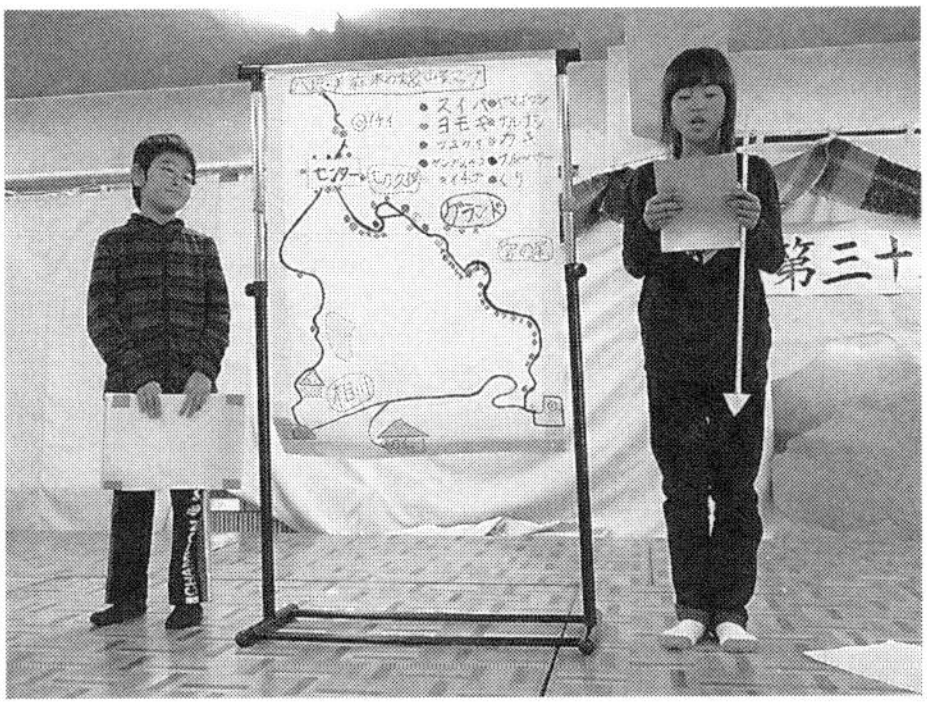

写真４−５　体験発表―木の実＆山菜マップ

写真４−６　体験発表―縄文住居を作る

写真４−７　体験発表―白炭焼き

生が、こう語ってくれた。

秋の朝、一人で山道を歩いていた。何気なく周囲の山を見つめると、そこに赤や黄色の素晴らしい紅葉があることに気が付いた。その美しさに見惚れて、しばらく佇んだ。そして思った。「こんな美しい中に住んでいるのに、今までの自分は、いったい何だったのか」と深く考えたと言う。それ以来、その子は、毎日元気よく登校するようになった。

留学体験者の多くが、「自然の美しさ、自然の大切さ」を知ったと語る。山道の通学で、子どもたちは解放された自由な心で、自然と触れ合い、自然を体験していることが分かった。

集団生活で獲得した心の安定と、積極性を持った社会力、そして自然の事象への興味が、コラボ効果を発揮して子どもたちの内部に探究心を駆り立てるのである。

▼自然体験から生まれる課題解決活動

社会力を獲得した子どもたちは、変化する四季の自然の事象に積極的な興味・関心を抱き、その奥を知ろうとする。また、農家生活を通して得られた農村の伝統的生活文化にも興味を抱き、その持つ意味を知ろうとする。どんな事象に興味・関心を持つかは、その子どもの個性、特性により多方面にわたる。

留学生の指導を行なうなかで、長年、考え続けてきたことがあった。それは、「子どもたちに、自然体験活動をさせる必要があるといわれているが、その理由は何なのか。自然体験は、子どもたちの内部に、何をもたらすのか」ということである。自然の事象に興味を持ち、その奥を知ろうと行動する子どもたちの課題解決の姿に、その回答を見た。

▼自然発見表に記入する活動

春は自然の万物が蘇るときである。

玄関の壁面に、「発見した今日の自然」と題した大きな模造紙を貼る。子どもたちに、野外で自然の変化で気が付いたことを、そこに自由に書き込ませた。「田んぼの水たまりにカエルの卵発見」「畦道にフキノトウ発見」「ツバメを見た」「道端にツクシ発見」「池のそばで蛇が野鳥を呑みかけていた」「ヤブカンゾウが芽を出した」「リスが道路を横切った」など、模造紙はたちまち記事で一杯になる。この活動は、とくに小学生がよくやる。

こうして、子どもたちは自然の事象に触れる。

こうした自然の情報は、村の子どもに教わることや、新入園の子どもが継続留学生に教わることなど、子ども間の情報交換で得られるものが多い。自然の情報は限りなく豊かである。子どもの受ける情報が、それまでの都市生活での情報から、自然の情報に替わるのである。

自然に目を向けた子どもたちの関心は、多方面に広がる。

写真４−８　体験発表―縄文土器作り

写真４−９　体験発表―伝統文化ソーラン節を発表

▼落ち葉を集めた小学生

落ち葉に興味を持った小学二年生は、通学路に落ちている落ち葉を集め続けた。

秋、大きな紙に樹木の絵を描き、葉の形集めた落ち葉を貼り付けた。葉の形の違い、季節による色の違いに気が付いた。次の年の秋、同じ色の木の葉を集める活動を開始した。今度は、数種類の樹木の絵を描いて、樹木に合った落ち葉を貼った。

▼木の実を食べ比べた小学生

山の木の実（食用）に興味を持った小学五年生の子どもは、村人に教わり、自分の足で歩き、いろいろな場所の木の実を集め、それを食し、味を比較し、それぞれの特徴を記録した。湿地にある木の実、乾燥地にある木の実、人家にある木の実などの味の違いを比較した（イチイの実、グミ、ヤマボウシの実、サクランボ、イチジク、プルーン、サルナシ、キイチゴ、ナツメなど）。

▼休耕田に疑問を抱いた中学生

田の代掻きを行なった中学生は、近くの田んぼが休耕田であることに疑問を持ち、その理由を知るための調査活動を開始した。足で歩き、休耕田を観察し、地主を訪ね、休耕の理由を訊き、それを記録した。そして、そこに潜む山村の農業問題の深刻さを知った。調査結果に基づき、休耕田解消の対策について、いくつかの提案を行なった。この子どもは、休耕田問題の課題解決のため三年間の留学を続けた。

▼養蚕を試み、幼虫を蟻に食われた中学生

中学二年生の子どもは、「蛾」に興味を持ち、調べた。それがもとで、次の年、農家生活で養蚕の話を聞き、「蚕」に興味を持った。二年間かけて蚕の飼育から始め、絹織物まで完成させた。その間、幼虫が蟻に食われるのを防いだり、桑の葉を探したりと、苦労を重ねた。養蚕体験の結果、富岡製糸場が世界遺産になった意味を理解した。

▼体験活動とは、思考の「足」を積み上げること

自然の事象に寄せる子どもたちの興味関心の傾向は、一様ではない。それぞれの個性、特性により皆異なる。自然の事象は、どんな子どもの個性・特性も認めて、それぞれに広く対応してくれる。

自然体験は実におおらかである。自然はどんな子どもにも、平等に接してくれる。子どもたちの体験の積み上げを見ていると、一つひとつの体験を拠り所に考えを進め、そこから自己の結論を導き出している。

私は、この体験による「拠り所」を「思考の足」と

捉える。子どもは自分の体で得た体験を「思考の足」として、それを積み上げ、そこから自己の結論を導き出す。ここにこそ子どもたちが自己実現に向かって旅立つ萌芽が宿っていると見る。以上のような活動を、陰の力として推進させるところに、山村留学指導者の役割がある。

8、保護者の変容

▼家族機能の希薄化への危惧

今日、家族の「姿」は多様化していて、一般論で述べることはできない。ここでは、山村留学に向き合う場合の家族の姿について、そのいくつかを述べる。

かつての家族は、父親の主導で山村留学に参加してくるケースが見られたが、最近の家族の場合は、母親主導の参加傾向が多くなっている。前者の場合は、縦の家族関係を思わせるが、後者の場合は、横並びの水平化した家族関係を思わせる。

最近は、立派な家があっても、家族間の親密度は希薄化しつつあるように思う。ハウスはあっても家族機能は失われつつあるように思う。家族そろって朝夕の団欒の食事を行なっている家庭は、かなり少ないように思う。立派な家と子どもに部屋があっても、塾通い、おけいこ事に追われ、食事は孤食ないし個食ですませている子どももいる。物質的豊かさに隠れた負の所産とも感じられる。

近年、携帯電話の普及による家族関係の疎遠化と青少年問題に警鐘が鳴らされているが、山村留学の場合はその危惧はまったくない。

▼保護者の葛藤

山村留学が家族機能に及ぼす影響について考えてみよう。

多くの保護者がこう述懐する。「わが子について、近くにいて分からなかったことが、離れてみて初めて分かったことがある」と。これが山村留学の良さだと語るのである。

また、三月の別れのとき、多くの保護者が、「山村留学は、私たち親の山村留学でもあったのですね」と語る。このように、山村留学は、親にとってもさまざまな葛藤を生み、それを乗り越えてゆく形で進められる。

ここで、山村留学を終えた時点での、保護者たちの感想に耳を傾けてみよう。

▼保護者の声から

【山村留学について、どう思いますか】

・子どもにとっても、親にとっても成長する場であった。他人を知り、自分を知る機会であった。

・親と子が離れてみて、お互いを知るいいチャンスだった。

・もっと先になって、山村留学が無駄でなかったと、話し合う機会がくると思う。

・非常に良いシステムである。希望者がもっと参加できるように、国の補助を考えてほしい。

・費用をもっと高くしてもよいから、施設と指導者の一層の充実を図ってほしい。

・会社とも違う、近所とも違う、学友とも違う、趣味の仲間とも違う、そんな知人が得られた。

・大変すばらしい企画ですが、合う人、合わない人がいるのではないか。

・子どもの教育は、親だけではできないと実感しました。

・不便ななか、集団体験、自然体験、伝統文化体験により工夫して成長する場です。

・どんな習い事よりも大切なことを学んだ。成長上必要なものが総合的に含まれている。

【育てる会についてどう思うか】

・現在の親の大半が見失っていた子育ての原点を教えてくれる会だ。

・センターの共同生活と農家生活の両方が体験できたのが良かった。親の会でもありました。

・現代社会で担えなくなっていることを、担ってくれる組織だ。

・古来、日本の伝統として培われた、本来のあり方を目指す教育現場だ。

・家庭ではできないことを、いろいろと体験させてもらえる。
・指導者の育成に全力を挙げてほしい。成功も失敗も指導者の肩にかかっている。
・子どもに忍耐力を付けてくれる数少ない団体。
・長女は、子どもを山村留学に出そうか、と言う。
・子どもの個性を引き出してもらえる。子どもの気持ちを理解してくれる指導者がいる。
・費用面で一般的ではなく、奨学金制度が作れないか。
・不登校の子どもたちにも救いの手を差し伸べてほしい。
・山村留学のパイオニアとして、これからも末永く続けてほしい。

▼山村留学が新しい家族関係を作る

保護者の声の中で、「どこにもない親同士のつながりの会ができた」という感想に注目したい。

都市化社会にあっては、家族同士の横のつながりは希薄になるばかりである。今や家族は孤独なのである。さりとて、農耕という一次産業に依拠していた時代の親密な家族関係を求めることは不可能である。今や、勤め人が多くなった農村でも、この傾向が強まりつつある。

今日の家族は、新しい横のつながりの家族関係を求めている。それに応えるのが、山村留学で知り合った新しい家族関係である。

山村留学では、学歴はおろか、経済的・社会的地位に関係ない保護者のつながりが生まれる。これこそ、新しい時代の家族関係ではなかろうか。事実、山村留学で知り合った家族が、たとえ距離が離れていようとも、互いに連絡を取り合い、助け合い、親しく付き合っている事例を多く聞く。

山村留学は新しい時代の家族関係を創造する機能を持っていると思う。

9、山村留学の効果を探る

▼山村留学の効果に関する調査・分析の拠り所は？

山村留学の効果について、保護者の語る「どう変わったか、変わらなかったか」という現象面に重きを置いた評価と、山村留学を体験した子どもの語る「積もり積もった体験が、そのときに応じで出るものである」というわば告白的・抽象的な評価とで、どちらが山村留学の真実の目的に近いのかを探し求めて調査・分析を続けてきた。そして、その回答が少しずつ見え始めてきた。

このための調査には、保護者の感想と、留学した子どもの感想の聞き取りが必要であると思うが、ここでは、子どもの感想を基準に調査・分析した結果を書いてみよう。

ところで、子どもの感想を聞くといっても、すでに留学を終えて全国各地へ散って行った子どもたちに問いかけなければならないので、調査データの蒐集にはいくつかの方法をとった。

その方法としては、山村留学センターを訪ねてくる留学体験者に質問すること、育てる会が発行する月刊誌の「留学生、その後」欄に寄稿された留学体験者の記事の分析、そして、主として調査研究資料『山村留学の総合効果の検証』に現われた留学体験者の声のデータを集めるという形をとった。さらに、調査員が留学体験者の職場や住居を訪ね、聞き取り調査や記述調査によりデータを集めるという方法もとった。

こうして、かなり膨大なデータを集めることができ

写真4-10 『山村留学総合効果の検証』—調査研究書

た。

▼山村留学体験後に、山村留学センター、農家を訪ねてくる人たちの姿と声から

訪問の形はさまざまである。

・留学を終えて間もなく、一人の男子がやって来た。地元の高校に進学したが、希薄な友人関係、趣味や遊びの違い、学習一辺倒の生活になじめず、適応に苦労していると訴える。

・結婚を間近に控えた者が、女性（彼女）を連れてやってきた。彼女に、自分の人生の原点の場所を見せるのだという。

・二人の子どもを連れた家族が突然やってきた。「僕を覚えているか」と聞く。三五年前の子どもの頃の顔を思い出す。彼は言う。父親が子どもの頃、どんな体験をしたのかを、子どもに説明するのだと言う。

・三三年前の女子留学生が、北海道からやってきた。こんな書き置きを残して去って行った。「お元気ですか。仕事で春から東京に戻っていたので、農家の母さんに会いにきました。大学以来の八坂に、ドキドキしています。お会いしたかったです。札幌へ戻ります。母と二人の兄弟は元気です。二人とも、二児のパパです。私は……頑張る！　お元気で」。

・大学に合格したことを報告にきた。彼は語った。山村留学で身に着いた価値観は素晴らしい。この価値観を継続し、生かせる高校をつくってほしい、と言う。

・夕方のこと、突然、農作物を積んだ軽トラックが、山村留学センターの庭に入ってきた。運転席から降りてきたのは五年前の留学生だ。「俺が作った有機農法の野菜だ、留学生たちに食べさせてやってくれ」と言う。日焼けした彼の顔には一つの信念を感じた。担当した指導者が言うには、彼は指導に苦労した一人だ。しかし、彼は成長した、と言う。

・六年前の留学生が訪ねてきた。今度、久しぶりに村で同窓会をやると言う。いい機会と思い、かねてより心配していた女子留学生のその後の様子を聞いて

みた。その子どもは、留学中の行動から将来の素行に不安を感じる子どもであった。案の定、かなり身を持ち崩した生活を送っているとのこと。その子どもに、同窓会の誘いをしたところ、びっくりして、「今の、私の、こんな姿では、とても恥ずかしくてあの村へは行かれない」と言って、ふさぎ込んでしまった、とのこと。

・自立力を身につけた留学生は、単独で外国生活に出向くのを厭わない。カナダの高校へ進学した一人の子どもから連絡がきた。至急、民族舞踊の衣装を送ってほしいとのこと。理由を聞くと、世界各地から集まっている生徒たちが、自国の文化を紹介することになった。彼は山村留学で覚えた「鬼剣舞《おにけんばい》」を披露することにした。送ってもらった衣装をまとい、舞を披露したとのこと。大きな喝采を浴び「日本人の君を理解した」と言われたとのこと。彼が言うには、高校生や大学生が外国へ行く場合、日本文化を身に着けて行くべきだとのこと。

いずれの場合も、突然の訪問が多い。そして、訪問の目的もとくに明確ではない。彼らと会話を交わすなかで、共通に感じることは、「こんなことがあった」とか「こんなことを覚えている」という特定の体験事例を語ることである。多分、それらの体験が、彼らの心の奥に根付いていることと思う。そのことの再確認を求めたり、あるいは自分の子どもや連れ合いに確認させたりしたいという願いがこめられていると思える。訪問を終えて帰るとき、彼らは一様に、「来てよかった」と満足げに語る。

▼留学生の人生記録から
――『育てる』誌掲載の記事による

・大学卒業後の就職時、多くの友人は大企業への就職を選んだ。彼は、あえて、小企業のほうが自己実現の可能性があると思い、数社の小企業を選んだ。彼は、夜昼をいとわず努力を重ねた。そして、今日、その会社を一部上場の会社に育て上げた。会社の所有地に雑草が生えて、その対策に悩んだ。山村留学時代の体験を思い出し、多くの反対を押し切って、そこでヤギを飼うことにした。結果は大成功であった。この発想は山村留学の体験にあると言う。

・彼は、京都の大学に在学中、東日本大震災の報を聞いた。何をおいてもと、現地の救援に駆け付けた。場所は気仙沼市。大学は中退、現在も救援活動に専念している。

・彼は、東京下町のメッキ工場の後を継いだ。他人の工場で修業を積み、親の経営する工場に戻った。経営者として苦労の連続だったとのこと。厳しい労働が原因で、頼りにしている社員に辞められるなどの苦労が続くなか、読書によって自己改造を図りつつ、事業を軌道に乗せた。テレビのない山村留学の生活のなかで、読書の習慣が身に着いたことが、今の仕事を救っていると言う。

・彼は、小学生の四年間を山村留学で過ごした。長じて弁護士となった。関東の都市出身の彼は、現在、福岡県飯塚市で弁護士として活躍している。地方弁護士の道を選んだのは、山村留学の体験からだと言う。

・彼女は、山村留学を終えてからは、自宅から地元の中学へ通って卒業した。それから、全寮制の高校へ進むことを考え、調べたり、見学したりして感銘を受け、入学を決めた。そして、スポーツトレーナーの道を目指し、大学を受験した。しかし、不合格だったため、学歴への劣等感を強めた。今は専門学校に通い、スポーツトレーナーを目指している。

・彼女は、外国人のための日本語教師をしていた。それが縁で、ギリシャ人と結婚。現在、ギリシャで暮らしており、ロドス島の彼のレストランで働く。幸せだと言う。

・彼は、数年務めた職業を辞し、自分の生き方を求めて、世界放浪の旅に出た。中国から東南アジア、オーストラリア、ヨーロッパ、アフリカ、アメリカを経て、四〇〇日を超える旅をした。宿は専ら安宿、野宿で、現地人と交流する生活であった。アフリカでは集団暴行に会い、身ぐるみはがれる体験をした。多くの日本人の若者が、アジアの各地で安易な生活に妥協して、目的もなく現地に埋没している姿を見て、それを否定し、帰国した。

ここでは、留学生のその後について、数例を挙げたが、体験者によって伝えられる、多くの留学生たちのその後の生き方の情報によると、彼らは周囲に妥協せず、もっぱら「わが道を行く」という生き方をしている者が多いことを知る。そのよって立つ理由は、多分、自分で山村留学を決心し、留学中はさまざまな葛藤のなかで、自分のあり方を決めることを、常に要求されてきた体験にあると思う。「自分で決めなければならない」という山村留学の体験の結果である。「山村留学は『自立』の教育である」と、多くの保護者が語っている。

▼「山村留学とは何か」という問いへの体験者の声から
──「山村留学の総合教育効果の検証」データによる

山村留学の体験者から、「山村留学とは何か」という問いへの多くの回答をもらった。「いじめにあった」「まだわからない」などという二、三の回答を除いて、回答のほとんどが山村留学の体験を高く評価している。回答のすべてに、心を打つものを感じる。

・近代化している時代に生まれた子どもの心の成長の場に成り得るし、また支えでもあると思う。山村留学が本当の意味を持ってくるのは、留学を終えてからではないかと、そう私は感じます。それと、現代では難しいことになっている、同じことを経験して、笑ったり、泣いたり、悩んだりしてきた友だちを持てるところだと思います、友だちと同じ苦難を味わったという経験から、一生の友だちが作れたと思います。

・山村留学をしたことにより、その後の高校・大学の進路が決まった。だから、高校・大学で出会えた仲間は、山村留学のなかで出会えた仲間の延長線上にあるように思われます。そして、これから出会っていく人間も、そのように思うに違いないでしょう。

・八坂村での生活抜きでは、今の自分はないのでは……。それだけ山村留学の存在が大きい。

・農家の父さん、母さんに言われたこと、指導員に言われたことに、あのときはよくわからず反発していたけれど、今思うとすごく大切なことだし、今の自分にとって役に立っている。

・今、あのころの体験をしようとしてもできないことなので、すごく良かったと思う。小さいころの体験は、大人になるにつれて意味があると思う。

・忍耐力、仲間の大切さを学んだ。今の自分を支えている何かが、山村留学にはあると思う。

・「自然」ということを常に考え、当時の体験を大切にしてきた。今の自分の考え方の根底になっている。

・山村留学をしていたころは深く考えなかったが、その後、経済的安定を求めて生活していくなかで、社会は人のつながりから成り立つものだと認識するようになった。山村留学の経験と社会経験から、私自身の人生観や、生業とするべき事柄が見えてきたように思う。今となっては当時の体験が、〝心のガソリン〟になっている。

・小学校三年、四年と留学した。今思えば、成長していく段階で、自分を形成していく大事な時期だったんじゃないかと思う。その時期に大切な体験ができたと思う。

・山村留学中、結構、重いホームシックにかかったが、そこから救ってくれたたくさんの人の温かさに触れたことで、生きていくうえで、何が一番大切かを教わった。

・山村留学の思い出は、確かに思い出として残っている。それ以上に、今の私には、自分が周囲に対して接するときの考え方の根本となっている。当時の記憶そのものが出てくるわけではないが、感覚の元は山村留学の体験に由来していることが多いと思う。

・具体的に何とは言えないけれど、山村留学は私の中で大きく影響している。人間関係もそうですが、親や兄弟に対して優しい気持ちになることができる。今考えると、山村留学の一日は、大人になってからの一か月分以上に値する意味のある一日だったような気がする。

・山村留学は心の支えのようなものになっている。自分の基盤と言えるような重々しくも、しっかりした木の幹のようなものが心に根付いている。

・親から離れ、今まで生まれ育った環境とは全く別の生活を行なうため、とても人に影響を及ぼす活動だと思う。合う、合わないは個人差があると思うが、少なくとも私にとっては、肉体的・精神的にたくましくなり、多くの経験と友人を得ることができた。

・人生の宝物である。自分を磨いて、成長させてくれるものがある。辛いことや悲しいことがあっても、親の力を借りないで、センターの先生や仲間の手助けで乗り越えられたことが、後の自信につながっている。

・自分で何かをしなければならないところ、主体的に行動しないと楽しくないところだと思う。集団生活の良いところ、悪いところを学ぶには、素晴らしい場所だ。しかし、意味もなく何年もいる必要はない。戻ってから、山村留学の経験をどう生かすのかを考えるべきだ。親元に戻ってからの人生のほうが長いのだから。

・自分の性格を客観的に見つめなおすことができたし、多くの人と接することができた。貴重な体験であった。

・協調性や積極性を伸ばすきっかけとなった。また自分の事を知るきっかけともなった。

・私にはすごくいい体験になりました。辛いこと、嫌いなこと、辞めたいと思ったことも多々ありましたが、今は、人との付き合いにも山村留学で得たものが役立っています。地元であのまま過ごしていたら、絶対できなかったことが体験できました。

・都会で生活していては体験できない、貴重な自然との触れ合いを通して、偏差値では測れない力を高めることができた。

・小さいころに経験するから、意味があると思う。色褪せない体験。自分の基本となっている。

10、山村留学は、生きるための「基盤」を心の奥底に形成する

以上、山村留学センターを訪ねてくる体験者の姿、『育てる』誌に寄せられた記事における体験者の姿、そして、検証調査に現われた体験者の声を、できるだけ忠実に記した。

体験者のそれぞれの声には、さまざまな意味が含まれていると思うが、それぞれの子どもの内部に、山村留学の体験が永く息づいており、ときには人生の生き方、方向すら決めていることが分かる。

ここでは、「山村留学で子どもがどう変わるか」という課題について考察したい。

山村留学を開始してから一〇年の時点で、留学体験者が、「山村留学の積もり積もった体験は、その後のときどきに現われるものと思う」という感想を漏らしていたが、この感想は、留学を終えたばかりの時点での感想であったことを考えると、それは推測であり、予告であったと言える。その後、二〇年、四〇年と経過した山村留学体験者の感想を紹介してきた。彼らの感想は、上記の「積もり積もった体験がときどきに現われるものではないか」という推測とも取れる感想を、見事に実証している。

長い間、山村留学生の指導をしてきて、留学生たちの以上のような言葉の数々に耳を傾けると、思いに浮かぶ事々が多い。短期の活動、つまり夏休みや冬休みの活動に参加し、自然体験や集団生活の楽しさを知り、それにあこがれて山村留学に参加してきた子どもが、四月、五月と過ぎた頃、しみじみと語る言葉がある。「楽しさにあこがれて参加してきたが、一年間の山村留学は、そんなに甘いものではないことが分かった」という言葉である。このような言葉を何人からも聞いた。

調査に現われた留学体験者の感想は、年代により、その後の社会環境により、また個性により、あまりにも多岐にわたり、一般論などで語ることはできないが、繰り返し読み直すうちに、思わず心に浮かぶ言葉がある。それは、「彼らは、子ども時代の苦労人であ

る。その苦労を糧に、心豊かに元気に生きているではないか」というものである。この「苦労」という言葉の陰には「葛藤」が潜んでいる。彼らは、それをいくつも乗り越えてきたのだ。

食欲旺盛で、毎日元気よく長距離の山道を歩き、意欲的に活動し、楽しそうに暮らしている留学生の毎日を見るにつけ、その生活の陰には、さまざまな葛藤の壁が存在することを改めて知るのである。「若いうちの苦労は、金を払ってでも買え」という故人の言葉があるが、山村留学は、その格言の〝子ども現代版〟ではなかろうか。

さて、山村留学による子どもの変容の問題に考えを移そう。

山村留学参加を巡って「子どもがどう変わるか」という問いの根拠には、それまでの子どものありようからの変化に基準を合わせるということがある。例えば、「集中力がついた」「手伝いをするようになった」「我慢強くなった」「健康になった」「好き嫌いがなくなった」「勉強をするようになった」などという変化であり、それはそれで意味はあると思うが、その変化は、その後、続くこともあれば、都会生活で元に戻ってしまうこともある。ところが、留学体験生が語る「積もり積もった体験が、ときに応じて現われるもの」という言葉は、上記のような変化のもっと奥深くにあるものを意味している。

前述した山村留学体験者の語る言葉を読むと、山村留学の体験は、現象的な行動に影響を与えるというより、その子どもの奥深くに根付き、生涯にわたって生き続けるもののようである。

その意味で、山村留学の効果は、「変わる、変わらない」という言葉で表現されるものではなく、子どもの心の奥深くに新しく産み付けられ形成される、体験の「賜物」であると言えるのではないだろうか。

そのことは、体験者が語る「心に根付いている」「感覚の元は山村留学の体験に由来している」「八坂での体験抜きにして今の自分はない」「大人になるにつれて意味は大きい」「山村留学の体験が心のガソリンになっている」などという言葉に現われている。これらの言葉から分かることは、山村留学の体験は、理屈の世界を通り越して、体の細胞の中に住みつくような体験の「賜物」だということである。

以前の私は、山村留学生と別れるとき、「山村留学で学んだものを忘れずに」と言ったものであるが、以上のような山村留学の体験の「賜物」を知ってからは、留学生と別れるときは、「今日限り山村留学のことは忘れて、明日から、どうぞ都会生活に戻ってください」と、自信を持って伝えられるようになった。

第五章　山村留学で留学先の農家と学校はどう変わるのか

1、留学生を預かる農家の変容

▼山村留学は現地に混乱と葛藤をもたらす

昭和四十年代、長野県では学生民宿が盛んであった。とりたてて注目されるような産業がなかった八坂村では、育てる会の子どもの宿泊を契機に、民宿経営を考えた。民宿経営を希望する農家が集まって、保健所の指導のもとに諸設備を整えて、民宿の許可を得た。そして、民宿組合が設立された。

育てる会としては、普通の農家に宿泊することが良いのであるから、事改めて正式な民宿にする必要はないと申し入れたが、やはり、村の活性化のため、育てる会の「子どもの宿泊」のみでなく、一般の利用者も対象にした民宿経営の方向を目指したものであろう。この考えは、農林業の収入のみに頼っていた八坂村の農家にとっては、極めて当然なことだと思う。

また当時、国の政策としての「日本列島改造論」のもとで、各地にゴルフ場やレクリエーション施設が作られ始めていた。事実、八坂村にもゴルフ場建設の話や宗教団体による大規模開発の話が持ち込まれていた。

静かであった農村社会に、さまざまな変革と葛藤の波が、まさに押し寄せ始めたときであった。八坂村の農家には、育てる会の活動も、こうした波の一つとして捉えられたことと思う。

▼山村留学センター建設に関する農家の協力

そんななか、育てる会の野外活動センターが竣工はしたものの、オイルショックという世界的不況に直面して、募金が集まらず建設金の支払いに窮した。その対策として、八坂村の農家が農協から融資を受け、その融資金を育てる会が借り受け、建設会社へ支払い、ようやく野外活動センターの建設が実現した。

農協融資を受けるか受けないかを巡って、連日、農家は会合を開き、賛否を巡って激論を交わし、そして、ようやく育てる会を援助しようということになったのだろう。大変な葛藤の結果だと思う。村の発展のため、育てる会のため、そして、子どもの教育のため、という認識に到達し、育てる会への融資を仲介することになったと思う。

ようやく農協の融資が実現し、育てる会と関係農家とのささやかな会食の宴が持たれたときのことであった。挨拶に立った農家の一人が、「これからは、俺たち農家と育てる会は一心同体だ」と語った。私にはこの言葉に強烈な感動を覚えた。

この「一心同体」という言葉が、その後の農家と育てる会との活動の共通の理念となり、ひいては育てる会の「心」となり「柱」となり、それが今日まで脈々と続き、育てる会の事業の礎となった。

その後、留学生の世話や指導について、育てる会と農家との月例懇談会が開かれた。これを「農家会」と呼んだ。農家会の会合は、深夜の二時、三時に及ぶこともあった。この会合の参加者全員に一貫して流れる信念があった。それは、「俺たち農家と育てる会は、どんな子どもでも、一端、預かった以上は、親たちから、『立派に成長した。参加させてよかった』と感謝されるようにしよう」ということである。

先に述べた「一心同体」という理念と、上記の「預かった以上は……」という固い覚悟が、山村留学生受け入れの基本となり、それは今日まで続いている。

では、農家と育てる会の「一心同体」とはどういうことなのか、具体例を示そう。

農家は育てる会を助け、育てる会は農家を助ける。子どもを巡る相互の悩み、苦労は、すべて農家会の会合で発表し、知恵を出し合い、両者の協力体制のもとで解決する。そして、子どもを巡る苦情や不満は軽々しく口外しない、と約束した。山村の場合、当時者のちょっとした苦情、不満が第三者に伝わると、思わぬ風評を生む可能性がある。この点に十分注意しようと話し合った。もし他人から、「山村留学生を預かって、どうか」と質問されたら、「苦労は多いが、やりがいがあり、得るものも多い」と答えよう、と話し合った。

この「やりがい」と「得るもの」という言葉は、どこから出てきたのであろうか。それは意外なところにあった。農家は、語っている。
・面倒を見た子どもが、「懐かしい」と言って、ときどき訪ねてくる。こんな嬉しいことはない。
・大根の出荷に追われ、夜遅くまで子どもを手伝わした。子どもには悪かったと思っていたら、かえって、それが良かったと感謝された。感激した。
・留学生に、「家族そろって食事をすることが嬉しい」と言われた。こんなことでいいのか。
・風呂焚きや庭の掃除をやらされたことが良かったと言う。こんなことで感謝されるとは思わなかった。
・保護者に、ジャガイモを送ってやったときのこと。「何も特別なイモではないが」と言ったら、子どもが生活していたところのジャガイモというだけで「〝うまい〟と感じる」と言われた。感激した。
・村の者は、大人も子どもも、都会のほうばかり向いている。最初は、こんな田舎になぜやってくるのか、理解できなかったが、都会の親と話しているうちに、教育についてもいろいろな考えがあることが分かり、勉強になった。
・子どもを預かり、一緒に生活していると、腹の立つこともある。こんなときは、思い切って叱る。厳しすぎたかと、反省したこともあったが、後に、あのとき叱られたことが、今役に立っていると言われた。

以上のような些細な子どもとの接点が、農協から融資を受け、育てる会を援助して、共に山村留学を推進させていこうという八坂村の農家の原動力になったのである。

その後、八坂村での山村留学は順調に発展してきたが、発展するにつれて、また新たな課題が生まれた。山村留学への理解度・協力度の高さは、留学生を預かっている集落地域に限定される傾向があった。そこで、山村留学への理解を全村的に広げる必要を感じた。

▼山村留学を全村に広める努力

そのためには、留学生を預かる農家を全村的に広げることだと考えた。留学生が農家の近くで遊んでいるのを見たり、朝夕の通学風景を見たりする村人が増えることが、全村の人びとの山村留学への理解を深めることに意外と役立つと考えた。

農家会（留学生を預かる農家の会）の会長の人脈をたどって、留学生を預かる可能性のある農家を訪ねて交渉した。ようやく数軒の了解を得て、新しい集落に留学生を預かる農家が生まれた。この成果は大きかった。こうして山村留学への理解が全村的に広まった。

つまり、山村留学が全村民に認められるようになったのである。村民運動会では、留学生保護者による山村留学班が結成され、一集落団体として競技に参加するまでになった。山村留学の子どもと保護者が一つの集落として認められ、村社会に仲間入りしたのである。

その結果、行政の主導で「八坂村山村留学協会」が設立され、山村留学に財政的支援措置がなされるようになった。具体的には、留学生の宿泊受け入れ農家への宿泊料補助と育てる会への人件費補助が予算化された。当初、山村留学は育てる会と一部の農家の受け入れ事業、民宿経営の手段と考えられていたが、育てる会や受け入れ農家の仕事が、村の活性化、地域の教育力の推進に貢献しているという認識に至ったのである。

▼教育者となった農家

留学生を預かる農家は、子育てを終えた高齢の農家が多い。

留学生を預かっている一人の農家の主婦は、次のように語ってくれた。「『今日のおやつは、オヤキだよ』と言うと、『ばんざーい』と言って喜んでくれる。こんなものでも喜んでくれるのは嬉しいことだ」と。山村留学は、自分の育てた子どもは皆都会に去り、寂しく暮らす高齢の農家に、笑いと活気をもたらしてくれるという。それにしても、個性豊かな子どもたちを長年預かり、個々の子どもの対応に苦労を重ねてきた農家の努力には、頭が下がる思いがする。しかし、「苦労は多いが、何年も前に世話した子どもが、突然やってきて、『父さん、母さん、僕を覚えていますか』と問われたとき、嬉しさのあまり苦労はいっぺんに吹っ飛ぶ」と農家は語るのである。

成長した留学生が村を再訪問するとき、まず訪ねるのは農家である。農家生活を通して、山村留学した村が、留学生の第二のふるさととなる。その反面では、山村留学が農家の生きがいとなっている。

長年、留学生を預かってきた一人の農家は次のように語る。

「育てる会の活動は、これからの青少年の育成のために、絶対絶やしちゃいけねえだいね。おらあ、この

写真 5−1　心を一つに、碑「農の心人をつくる」の設置

歳だで、できる限りのことはできるまでやるが、今は世の中も変わってきて、親も変わってきてるだけども、礼儀とかそういった大事なものは、信念もってやっていかなきゃだめだいね。いろんなことに手を出さねえで、もっとここいらのことに力入れていかなきゃだめ。そうでなきゃいつか足元をすくわれる」。

農家会のメンバーの中に、広い知見と村の将来に対する鋭い洞察力、そして、青少年教育に関する卓越した見識を持つ農家人がいたことを、今、改めて思う。農家会の会合で、こうした人の発言と実践を聞き、一農民であって、教育者以上の教育者だと感嘆する。こうした農家人が、農家会を取り仕切ってくれたことが、育てる会の山村留学を今日まで継続させた大きな要因になっている。

2、村の社会教育と提携した活動

▼留学生と村の子どもが一緒に通学する合宿通学

ＰＴＡ活動を通じて、留学生の保護者と村の保護者との懇談の結果、村の教育委員会と山村留学センターとの共催の青少年活動が実現した。村の子どもを一週間ほど山村留学センターに宿泊させて留学生と共に生活させ、共に長距離を通学させるという合宿通学の活動が実現したのである。

合宿通学は留学生と村の子どもとのより深い交流をもたらした。

このほか、山村留学センターの行なう活動など、たとえば地域の食文化体験としての「秋の野沢菜漬の活動」への村の子どもの参加も実現した。こうした活動を通して、山村留学センターが村の社会教育の一機関となってきた。

▼都市と農村の交流活動

山村留学では、留学生の保護者が、村の行事――村民運動会、ＰＴＡ活動、農家訪問など――に積極的に参加する。この結果、都市と農村の心の交流が活発となり、特産品の頒布活動への発展が企画されている。

また、留学生の保護者と地域の有志による、休耕田の復活活動などという交流活動へと発展した。学校でのＰＴＡ活動では、留学生の保護者が、草刈り作業のような奉仕活動に積極的に参加するようになり、交流の輪が一層広まった。

写真5-2　長野県八坂村、冬の山村集落の全景（切久保地区）

▼山村留学を村の機能を復活させる新しい手段に

山村留学生が住民票を留学地へ移すことは、国勢調査時における自治体の人口増となり、交付税交付金の増額に寄与するという。また、留学生を預かる農家には、指導宿泊代として報酬が支払われる。これにまた、自治体によっては、宿泊助成金が支払われる。留学生の農家宿泊は、ささやかではあるが農家の安定収入に寄与している。近年では、留学生の保護者による熱心な「ふるさと寄付金」への協力も行なわれている。

四十数年間、留学地の地域社会を見つめてきた。かつては、村祭りには集落あげて神社の境内に集まり、旅役者劇などを観て楽しんだものだ。水神様祭り、庚申講（庚申仲間）、道普請、風祭り、新嘗祭などの年中行事により、集落社会の交流が盛んに行なわれたものだ。これらの年中行事は、農林業の不振とともに年々なくなりつつある。農村の若者は安定収入を求めて勤め人となっていく。一次産業をベースにした農村集落の社会的機能は、消え去る運命かもしれない。しかし、それに代わる新しい社会的機能を復活させる手段・方法を考えなくてはならない。
山村留学がそれにとって代わる、新しい集落社会の社会的機能になればと願う。

3、山村留学生を指導した現地学校の声

四十数年間、山村留学生を通して、村の小・中学校と付き合ってきた。その間、順調な関係のとき、見解が異なったときなど、まさに山あり谷ありの経過をたどってきた感がある。すべては留学生の状況を巡ってである。

山村留学を主催する立場には、行政の要請と、学校側の要請に応えなければならない苦労がある。さらにもう一つあげれば、学校側の教職員は平均三年ほどで転勤するので、山村留学の趣旨を理解してもらう努力を続けなくてはならないことであろうか。理解・協力を頂いている教職員に去られるのには、残念な思いをしたものだ。

しかし、近年は、山村留学への理解がかなり浸透してきたためか、学校との意思の疎通も順調に行なえるようになった。

以下のような教職員の声に、謙虚に耳を傾けたい。

▼山村留学生を受け入れてプラスになった面について

――『山村留学総合効果の検証』（日本財団助成）の調査データより

【教職員の声①】

・村の子どもが気付かなかった点について発言してくれるので、良い刺激になった。

・留学生がオタマジャクシに感動していた。それを見た村の子どもが周りにたくさんいると自慢して、自分たちの村のいいところに気付かされた。

・留学生が、マラソンで上位を占めたり、村民運動会で保護者が留学生チームをつくったりして、学校や村の活性化になった。

・小さい留学生が本当によく頑張っているし、村の子どもより、身体中で自然を感じ、自然を使って遊んでいた。

・自然に対する興味や関心が大きくなるので、道草しながら帰るのはいいことだ。また、留学生が兄弟関係を構成していることはいいことだ。

・留学生の良さを、どう村の子どもに伝えるか。

【教職員の声②】

・親から離れてくる個性的な子どもを、どのように活かして学習ができるか不安であり、親元から離れて暮らすということに、やや疑問を感じていた。

・特殊な子どもが来ると思っていたが、実際に担任として接してみると、普通の子どもたちであった。

・留学生は、学習がよほど面白くないと勉強してくれないので、刺激になった。授業が賑やかになり、留学生の発言に村の子が刺激されることが多かった。

・山村留学の趣旨に該当（特殊な悩みを抱えていない）した子どもたちがほとんどであったことが、良い結果を生み出した。

・留学生の保護者は熱心な方が多く、自分自身もＰＴＡも啓発された。親の考えを聞いて、親元を離れて暮らすことに疑問を感じなくなった。

・学校の先生方からは、山村留学を否定する意見をよく聞き残念に思った。教職員の受け止め方に大きな違いを感じた。子どもや保護者の悪い面のみを指摘するのではなく、長い目で、冷静に分析すれば良いところが見えてくるのだが。山村留学がこれだけ長期間続いているという現実を見つめ、前向きに対応すべきだと思う。

・最近では村の子がセンターに泊まりに行き、活動に参加しているということを聞いて、ようやくそこまできたかという感じである。義務教育期間中の国内留学は面白い発想である。

【教職員の声③】

・特別に手のかかる子どもはいなかった。今でも交流が続いている。結婚式に呼ばれたり、野球観戦の招待を受けたり、交流のある子が多い。

・山村留学生は、地元の子どもたちにとって良い刺激になった。やや控えめで自分の考えることを表現しない地元の子どもにとって、山村留学生は、積極的で明るく、パワーを与えてくれる存在だった。

・今後は、センターでの生活や活動を留学生のみに限定することなく、村と学校とセンターがタイアップして、総合的な時間を活用して進めていけば、お互いにプラスになるのではないか。

▼山村留学生の担任を経験した教職員の感想
――アンケートによる集計結果

・山村留学に賛成六九％。
・実親が同居していないのに、よく頑張っている、個性豊かな子どもが多い。少年時代に豊かな自然体験を積むことの素晴らしさを感じたなどの感想、約七〇％。
・地元の学校に及ぼした良い影響として、活発な発言が良い刺激になった。留学生の自然に対する興味・関心が良い刺激になった。留学生の豊富な知識が授業の内容を豊かにした、親元を離れて頑張っている姿が良い刺激になった、と述べている。
・PTA活動については、多彩な職業の親たちと接することにより、PTAや学校が活性化している、と述べている。
・留学生を指導して、プラスになったが六七％。

▼山村留学を受け入れて疑問を抱いたこと

多くの教職員が山村留学の良さを認めているが、アンケート結果には、少数ではあるが、疑問を抱いた教職員がいることも事実である。謙虚に耳を傾けたい。

【教職員の疑問の声】

・基本的生活習慣が身についていない子どもは、山村留学の趣旨に反するので受け入れるべきでない。
・地元の子どもへのマイナスの影響は出ないか。
・親の協力が必要な時期に、親元を離れてきて基本的生活習慣がつけられないでいる。
・長距離を歩いての登校は疑問だ。
・忘れ物や遅刻が多かったり、身辺の清潔さに欠けたりしている。
・学力が著しく劣る子どもの指導に苦労する。
・教育について見解が違う保護者がいて苦労する。

▼その他、興味深い教職員の声

留学生の中に、最初の頃は、伊達メガネをかけてむっつりしていたのに、一学期の終わり頃には、メガネもせず、学習や畑仕事、部活などに体ごと取り組むようになった女の子がいた。二学期もそんな様子が続いて、その子の生活が一変し、安定してきたことが、職員室で話題になったそうだ。

この事例は、都市生活の衣服を心に纏った子どもが、留学生活により、その衣を見事に脱ぎ去った典型的な事例だと思う。

▼学校教師の声について

山村の教育長の語るところによると、学校側の教師の山村留学生に対する見解は、決して一様ではないと言う。反対する教師、疑問に感じる教師、賛成意見を持つ教師など、さまざまである。特に手のかかる留学生を担任した教師に反対意見が強い。いずれにしろ、山村留学は、学校教育とは相互補完の関係にある社会教育の立場に立ち、学校教育とは親密な連携を取りつつ進めなくてはならない。

ここに紹介した教師の意見は、他校に転勤した教師が過去を振り返っての感想であることを考えると、総合的には山村留学を前向きに評価していると考える。

第六章　山村留学を始めませんか――自治体の地域振興担当者へ

1、永続する山村留学の実施を

▼山村留学を自治体の子ども集めに利用する？

過疎地を抱える自治体の村長が育てる会の事務所を訪ねてきた。そしてこのように語った。

「年々過疎化が進み、村の人口が減少すると同時に、学校の子どもの数も減少した。まもなく複式になる。複式になれば、教員数も減らされる。これを何とか防ぎたい。そのために、山村留学により都会の子どもに来てもらい、在籍数を増やしたい。育てる会の力を何とか貸してほしい」

また、ある教育長は次のように語った。

「二年先に、村の小学校には一人も子どもがいなくなる。そうなれば、村から学校が消えてしまう。学校がなくなるということは、村の文化の中心がなくなることを意味する。それは、村がなくなることだ。村を残したい。そのためには、都会の子どもだけでもいい、何人か来てもらって、とにかく学校を残したい。そのうちに努力をして、村の子どもが増えるようにしたい。力を貸してほしい」

切々と訴える過疎自治体の責任者の話を聞いていると、その深刻さが肌で感じられ、〝何とかしてやりたい〟という同情に駆られた。山村留学により過疎地の活性化を図ろうとする自治体の責任者の気持ちは、分かりすぎるほど分かる。しかし、このような一途な考えのみで山村留学に着手していいのか、一抹の不安を感じたものだ。

一方、育てる会の事務所に、山村留学に子どもを参加させた一人の保護者から、こんな電話がかかってきた。

「山村留学は、子どもの教育が目的と思って参加させたのですが、そうではなくて、その目的は、村の学校の生徒数を増やすためだったのですか」

唐突なこの電話に返答に窮したが、よく考えてみると、この一保護者の素朴な質問は、山村留学の本質を問いかけていると思った。こうした保護者の声があることに、山村留学の実施に当たる関係者は謙虚に耳を傾けなくてはならないと思う。

自治体側に立てば、山村留学事業を取り入れ、都市部から子どもたちを招き入れ、それによって自分の村や町の学校の在籍者数を増やし、その結果、複式化や教職員の減数を避けようと考えるのはごく当然のことだと思う。緊急に児童・生徒数を確保するための対策としては、山村留学はうってつけだからである。

しかし、このような考えのみで山村留学に着手すると、折角始めた山村留学という貴重な試みも、やがて保護者との間に軋轢などが生じて、留学生が集まらなくなり、中断のやむなきに至る場合がある。つまり、長く続かないのではないかと危惧するのである。また、上記のような考え方だけだと、教育を、子どもを過疎対策に利用するのかといった誹りさえ受けかねないであろう。

山村留学を希望する保護者の中には、小規模校でのきめ細やかな指導、豊かな自然体験、暖かな人情の中での教育を求める人が多い。過疎自治体の現状を踏まえながら、このような山村留学参加者の期待にも応えられる事業目的を構築して、事業に着手する必要がある。そうしないと、山村留学が長く続かないし、所期の目的である自治体の活性化にもつながらないと思うのである。

▼理想を掲げた山村留学

過疎と言われるわが国の農山村には、世界に類のない貴重な自然と、自然崇拝という農耕民族特有の精神文化が宿っていると思う。この自然崇拝という多神教的な緩やかな精神文化は、どんな思想や宗教、文化をも笑顔で迎え入れる広い精神的雅量を持っている。このような、おおらかな日本独特の精神文化は、単一神のもと、武力闘争が絶えない世界情勢にあって、人類に平和と安定をもたらす大きな役割を持つと思う。

日本の農山村にある、このような貴重な精神文化と自然を、青少年の人づくりに活用するのが山村留学である。山村留学に関わる人には、このような理想・信念を持ち、それを高く掲げて仕事に当たることを勧めたい。

▼山村留学の多面的役割

山村留学というと、主として学校教育分野という狭い領域に捉えられがちであるが、実際は農山村の活性化と深くつながっている。山村留学を、こうした複眼的視野から捉える必要がある。

山村留学は実施過程において、農山村のさまざまな分野に波及効果をもたらす。青少年教育の活性化から始まり、それに関わる都市と農山村関係者の意識の向上、都市と農山村の交流事業の推進、農山村への移住者の可能性などを秘めている。

過疎地と言われる農山村には、前述のように緑あふれる貴重な自然と、日本の伝統的生活文化が宿っている。山村留学は子どもたちに、その農山村の自然と伝統文化を体験させ、その結果、子どもたちの心に、その地を「心のふるさと」だと認識させる機能を持っている。

山村留学を体験した子どもは、その地を第二の故郷だと考える。ふるさとを持った子どもたちは、成人後、必要とあれば故郷に帰る可能性を秘めている。山村留学という仕事は、そういう「心を耕す」教育活動の結果に期待を寄せる仕事なのである。

▼宿泊方法と指導の問題

山村留学事業を早急に始めるために、農家宿泊方式が選ばれることが多い。ところが山村留学には、さまざまな子どもが、親元を離れて参加してくる。ときには、山村生活になじめない子どもも来る。農家の指導力では対応できない場合もある。また、過保護な保護者の対応にも、農家個人では限界がある。そうなると、農家は疲労し、受け入れを断念する結果となる。

全寮方式の場合でも、集団生活になじめない子どもの場合は、指導に苦労する。指導力のある指導者の確保が必要である。

山村留学の宿泊方法は、できたら山村留学センターと農家宿泊の両方を採用することが望ましい。農家宿泊により、温かい家庭的な雰囲気が、子どもの心に安定感をもたらす効果があるし、また、保護者との交流に果たす役割は大きい。

いずれの宿泊方法を採用するにしろ、参加初期の頃の、基本的生活習慣と集団生活への適応指導は、山村留学が成立するための必須の条件である。

山村留学の主催者は、個人的篤志家によるもの、教育委員会主催によるもの、PTA主催のもの、教育団体の主催のものなどがあるが、いずれの場合も、長年の継続を考えるならば、堅固な教育方針を持った公的団体であることが望ましい。

篤志家の情熱と奉仕により継続されてきた山村留学が、責任者の高齢化と後継者の不在により閉鎖のやむなきに至ったところもある。また、運営組織が脆弱だったため留学生が集まらず、休止状態か廃止となったところもある。

▼山村留学は集落社会に混乱と葛藤を生む

山村留学の実施には、多くの苦労と混乱が伴うものである。おとなしく素直で健康な子どもばかりが、山村留学生ではない。山村留学の環境になじめない子どもが参加して、学校や農家・指導者に混乱をもたらす場合がある。

こんな場合は、関係者が共ども協力して、問題を解決しなければならない。

山村の子どもは、生まれて以来、保育園、小学校と、極めて固定化された人間関係の中で育ち、平静な雰囲気の中で、自己主張などそれほど必要としない社会に育ってきている。そこへ、自己主張の強い都会の子どもが参加するのであるから、混乱が生じないわけがない。新しい子ども関係ができたと喜ばれる場合もあるし、子ども同士の対立を生んでしまったと言われる場合もある。留学生の保護者の中には、ごく稀に、一部の都会人に見られる身勝手な行動をする人がいるから、山村の保護者と軋轢が生じる場合もある。

こんな事例があった。

小学校でマラソン大会を行なったときのことである。たまたま留学生が上位を占めた。この事実は、村の保護者に衝撃をもたらした。「なぜ留学生が優位を占めたのか」が話し合われたと言う。

その場で、ある村の保護者がこう語ったそうだ。「山道を歩いている留学生を可哀そうだと思い、車に乗せて送ろうと、乗車するよう誘ったところ、『センターの規則だから歩きます』と断わられた」。この話から、留学生は徒歩通学により、足腰を鍛えていることがマラソン大会の勝因と認識され、村の子どもも、乗用車による送迎をやめ、歩かせる方針となった。遠隔地からのバス通学の子どもの場合でも、数駅前で下車させて歩かせる方法に切り替えた。

このように、山村留学は、山村にも都市側にも、混乱と葛藤を生む。この混乱と葛藤の中に、互いにより高い次元への認識に高まる動機が宿っている。山村留学は、〝集落社会に葛藤を生む〟と捉えてほしい。

行政の関係者は、山村留学を、単に学校の在籍者数の確保という目的だけで実施するのではなく、都市社会の人と農山村の人との交流から生まれる葛藤による地域づくりにも目的があることを知ってほしい。人間は混乱と葛藤のなかから、より高い認識の次元へ高揚するものだと思う。

▼都市と農村との交流事業への発展

山村留学は、単に都会の子どもばかりでなく、それに付随して留学生の保護者も来訪する。だから、当該自治体の担当者は、この機会を捉えてさまざまな交流事業を考えてほしい。都市と農村の交流事業、故郷つくり運動の推進である。

例えば、「棚田の会」をつくり、農家と都市側の保護者との協力で、休耕田を復活させた事例がある。ふるさと産品の頒布活動なども好ましいのではないだろうか。

こうした山村留学の持つ隠れた可能性を、ぜひ地域の振興政策に生かしてほしい。そのためには、山村留学を実施する団体と行政担当者との密接な協力が必要である。

2、山村留学事業を開始するための具体的方法

▼実施地の調査を行なう

有志により準備・検討委員会を作り、全国各地の山村留学実施地を視察する。視察に当たっては、留学生と同じ宿舎に泊まり、留学生の実態を知ることが必要である。

山村留学関係の書籍、調査データを集め、分析・検討する。自治体の実態に合った実施形態のイメージを描く。

▼「山村留学推進委員会」を立ち上げ、目的を定める

目的には、山村留学事業の実施と、地域の活性化事業の実施の二つを定めるとよいだろう。

山村留学事業の実施は、山村留学センターを中心に行なうこととする。

▼山村留学センターの仕事を決める

①夏休み、冬休み、春休みなどに、子どもの自然体験活動を行なう。
②山村留学を行なう。
③教育委員会、学校と提携した子ども活動を行なう。
④留学生の保護者と集落住民との交流活動を行なう。

▼留意事項

山村留学推進委員会は、学校とは別の独立した社会

教育団体として位置付け、かつ学校とは緊密な協力体制を持つこと。

山村留学センターは、指導者が常駐する「小さな少年自然の家」と考える。

山村留学センターは、遊休施設を活用するか、余裕があれば新設してもよい。望ましい間取りは、厨房を中心に、片方には短期活動用の五〇人ほどが宿泊可能なホールと、片方には山村留学生用の食堂と学習室、および寝室を設けることが望ましい。さらに、これらに付加して、地域の古老による農山村文化の伝承館、地域の公民館機能を持つ施設、図書館、都市と地域の交流館などの施設が設置されれば、なお理想に近づく。

大きな課題は、山村留学センターに常駐する指導者の採用と配置である。望ましい人材は、大学で地域政策学、児童文化、教育相談、子ども学、ワンゲル活動、環境学、農林学などを専攻した人が望ましい。また特に、開設初期の頃は、学校教育にかかわった社会教育主事などの経験者の配置が望ましい。適性かつ意欲的な指導者の配置は、事業の成否の鍵を握る。

次に、山村留学を実施したいくつかの自治体の実施事例を紹介する。

3、山村留学事業の実施事例

▼長野県大岡村の事例

八坂村の東に、犀川（信濃川の支流）をはさんで大岡村がある（現在、長野市大岡）。

一九九四年（平成六年）の春の頃、私は育てる会東京本部の事務所で、大岡村の教育委員会からの電話を受けた。「大岡村でも山村留学をやろうということになったので、八坂村の留学生の何人かを、こちらへ回してもらえないでしょうか」。概要、こんな内容の電話だと記憶している。

その質問に対して、私はこう話した。

「山村留学は、いろいろなやり方があるので、始めるにあたっては、その点よく検討したほうがいいと思います。一時、学校の在籍者数を増やすだけでいいのか、それとも、長く続けて村の活性化につなげたいのか、その点、よく検討してから始めたほうがよいと思います」。

私は、全国各地で行なわれた山村留学の成功例や失敗例を知りえる限り挙げながら、大岡村の山村留学の望ましい姿を提言した。そして私は、次のように話した。

「都会の親は、可愛いわが子を成長期の一時、山村の素晴らしい自然環境の中で教育を受けさせたいと願って参加させるのです。村の学校の生徒数を増やすために参加するという親はいません。村側の願いと都会の親側の願いに、微妙な行き違いがあるのです。この点を整理して、両者が納得する共通認識を導き出す必要があります。これからの山村留学は、都会の子どもばかりでなく、村の子どもも含めた、村あげての教育活動、教育運動にしなければなりません。山村の自然と生活文化を活用した、将来の日本を背負って立つ青少年の人つくり活動だと考えなくてはなりません。活動は村を活性化させます。都市と農村の交流を促進させますし、また、ある程度の経済的効果をもたらすでしょう。この考えを山村留学の目的として、村全体、集落全員の共通認識とすることです。この考えがあってこそ、都会の親は魅力を感じ、子どもを山村留学に参加させるのです。その結果が、皆さんの願っている学校の在籍者数を増やす結果となると思うのです。このような考えで山村留学を行なってはいかがですか。そのためなら、育てる会は協力しますよ」。

一九九五年（平成七年）、大岡村の関係者たちが、育てる会東京本部事務所を訪ね、山村留学の具体化に向けて、詳細な打ち合わせを行なった。要点は、山村留学センターを村の社会教育機関と位置づけ、留学生と村の子ども含めた活動の実施、村人と留学生の保護者との協力による交流活動の実施、外国留学生との交流活動の実施などが、望ましい事業として予定された。

一九九七年（平成九年）、大岡村の山村留学センターは、育てる会の基本設計により建設された。運営方式は、行政から一名の指導者を派遣し、留学生の募集と施設の運営管理は大岡村が担当し、教育指導面は育てる会から派遣する指導者が担当する方式とした。山村留学大岡学園は、着想から四年の準備期間を経て実施に至った。

山村留学センター竣工間近のことであった。当時の村長より、竣工記念の碑を建てたいので、碑文を考えて欲しいと言われた。私は、竣工間近のセンターの前に立って、春まだき、紺碧の青空に純白の雪を戴いてそそり立つ北アルプスの威容を眺めた。そして、「そうだ、こんな心を持った人間になって欲しい」と直感して、そして、「ひじりの空、松柏の志」とつぶやいた。これが碑の文言となった(〝ひじり〟とは、近くにあるひじり高原のこと)。「松柏」とは、終生、信念を貫く心の「操」である。美しい空と揺るがぬ北アルプスの山の如く、信念を貫く大人になって欲しいという願いである。

二〇〇五年(平成十七年)、大岡村は長野市に合併し、長野市山村留学大岡学園となった。合併後も長野市教育委員会の理解ある協力を得て、山村留学は順調に進捗し今日に至っている。

大岡村山村留学の実績は、二〇一五年度(平成二十七年度)現在で、山村留学生一〇七名となっている。

▼長野県売木村の事例

山村留学の事前に詳細な実地調査を行ない、次のような要望を売木村に出した。

○山村留学は、育てる会の主催事業として行なうが、自治体としても全面的に協力してほしい。

○留学生が宿泊できる山村留学センターを設けてほしい。場所は、学校から四キロほど離れた場所が望ましい。理由は、留学生の村内徒歩通学による体力増進と自然観察、そして、村人との交流を期待するからである。

○月のうちいく日かの宿泊ができる農家を選定してほしい。農家宿泊により、留学生に農村文化を体験させ、留学生の心に、その村を第二のふるさととする心情を養いたいからである。

○育てる会は主催団体として、指導者を常駐させる。

ただし、村在住の女性を厨房担当者として派遣してほしい。理由は、山村留学センターの食事献立に、地域の食文化を取り入れるためである。

○育てる会が行なう夏、冬、春の短期の体験活動に、村側も協力してほしい。

○育てる会は、長期の山村留学生を募集し、育てる会の責任において指導を行なう。

○村は、育てる会への指導者人件費の補助を予算化してほしい。

売木村は、要望事項をすべて受け入れてくれた。売木村の場合、当初、山村留学センターは、学校近くの遊休施設を利用したが、数年後、学校から数キロ離れた場所に、山村留学センターを新築した。留学生の農家宿泊は、村長をはじめ、村役員の協力で実現し、現在も継続している。

二〇〇〇年（平成十二年）から、山村留学は、育てる会の主催から売木村の主催に変わり、育てる会は指導面のみを担当し、現在も継続している。

なお、売木村では、山村留学一〇周年記念式、二〇周年記念式、三〇周年記念式を実施し、その都度、記念誌を発行し、山村留学の実績を確認した。

売木村の留学体験者は、一九八三年（昭和五十八年）から数えると三二六人となる。

▼島根県大田市と兵庫県神河町の事例

山村留学事業の開設に当たっては、全国山村留学協会による事前調査と提言を行ない、それに沿って実施された。

島根県の太田市の場合は、開設に至るまで、関係者による数回に及ぶ山村留学地の視察、留学生受け入れ予定農家の研修などが行なわれ、五年間の準備期間を必要とした。

山村留学センターの建設に当たっては、それまでの育てる会の経験に基づいた、理想とする設計案を参考にした。設計の特徴とするところは、一棟の中に、短期活動の利用機能と、長期活動の利用機能を兼ね備えている点である。

短期山村留学の活動は、大阪、広島方面の子どもと、太田市内の小・中学生の参加も交えて実施している。この点は大いに注目したい。

太田市山村留学センターは、育てる会からの派遣指導者と太田市からの派遣職員が常駐して業務に当たっている。太田市山村留学事業の実績は、二〇〇四年度(平成十六年度)からの開設で、二〇一一年(平成二十三年)の数字で、留学生一一八人となっている。

兵庫県神河町では、二〇〇七年(平成十九年)から山村留学を開始した。

神河町の山村留学は、それまで育てる会が各所で実施してきた経験に立って、理想的な山村留学センターの建築と運営を提案した。山村留学センターは、廃校直後の校舎を増改築してこれにあてた。改築に当たっては、社会教育の立場から、短期山村留学、長期山村留学、山村の生活文化伝承館(老人クラブと子どもの交流場所)、集落住民の集い場所などの活用を予定する設計とした。神河町の山村留学センターは、育てる会の長年の経験で培われた利用機能を持った山村留学センターと言える。

山村留学センターは、育てる会から派遣した指導者と、行政から出向した職員が常駐して業務にあたっている。神河町の山村留学センターには、多くの視察者が訪れた。

神河町の山村留学事業の実績は、二〇〇七年(平成十九年度)からの開始で、二〇一一年(平成二十三年)の数字で、留学生四八人となっている。

なお、神河町の山村留学センターは、短期活動の際の利用ばかりでなく、一般の教育団体の利用にも活用されている。

▼高知県大川村ふるさと留学の事例

高知県大川村では長年、村独自で山村留学事業を実施してきた。留学生の指導は、役場職員の兼務および公社職員が担当してきたが、教育指導面では何かと不都合があるということで、育てる会へ、専従の指導者の派遣を要請してきた。

この要請に応えて、育てる会から主任指導者および二名の指導者を派遣した。その結果、指導内容の充実が図られ、留学生の大幅の増加が実現した。
大川村での実践事例から、山村留学は有能な指導者の配置が必要であることが分かった。

全国各地で始められた山村留学の中には、中止・廃止に至ったところが多いが、たとえ、児童・生徒数の確保が目的で始められた山村留学であっても、事業を継続するなかで、子どもの変容の大きさ、教育性の高さを知り、より自信を持って山村留学を継続しているところもある。

▼山村留学の多面的使命

山村留学は、わが国の山村に残された貴重な財産である自然と文化を、青少年教育に役立てるという画期的な試みである。歴史的に見ても、「教育と自然」という課題は教育における永遠の課題であり、山村留学の手法はこの課題に応えることができる。

山村留学の持つ教育機能は、一面において、心身にある程度の脆弱さを持つ子どもの回復、蘇生、補完機能を持つと同時に、もう一面において、子どもが個別的な課題解決活動に挑むようになり、自己実現へ向けての動機付けをもたらす。山村留学体験者の中から、将来の日本を背負って立つ有能な人材が生まれるはずである。

山村留学はまた、その周辺効果として、過疎地の活性化、生態系の保護（環境教育）など、多様な付随効果が期待できる。山村留学はそれに関わる都市と山村の交流を促進し、両者に活力をもたらすのである。

山村留学は教育活動であり教育運動である。それだけに、その効果は一〇年、二〇年、三〇年と継続することによって期待できるものである。

さらに、山村留学事業は波及効果として、都市と農村の交流事業だけでなく、都会人の移住などにも大きく寄与する可能性を秘めている。

昨今、「地方創生」が叫ばれている。山村留学は、子どもたちに農山村の自然と伝統文化を体験させ、その結果、子どもたちの心に、その山村を「心のふるさと」として植え付ける機能を持っている。山村留学を体験した子どもは、その地を第二の故郷と考えるからである。

農山村に「心のふるさと」を持つ彼らが、「地方創生、農山村の活性化」に動き出す日が必ずくると信じる。山村留学という仕事は、そういう「心を耕す」教育活動の結果に期待を寄せる仕事である。

山村留学の全国的普及を願って、NPO法人全国山村留学協会を立ち上げた。

4、NPO法人全国山村留学協会の案内

▼主な活動

①山村留学事業を導入しようとする自治体の要請に応えて、現地調査を行ない、実施のための有効な調査提案を行なう。

②山村留学を行なっている団体の責任者、指導者のための研究会、情報交換会を行なう。

③毎年、山村留学事業の全国実施状況を調査し、報告する。

▼今までに実施した活動

年一回、総会を開き、合わせて情報交換、および指導担当者による研究討議を行なってきた。現在までの総会開催数は三八回になる。また、近年は、全国各地の研究会場で開催している。

また、会長、副会長、育てる会顧問の三人で、文科省と農水省に山村留学事業の趣旨を説明し、国の協力・援助などついて陳情した。

▼山村留学の全国動向の調査

全国の山村留学事業の実態調査を、三八年間続けてきた。これは、わが国の山村留学の実態を知るうえで貴重なデータである。

5、山村留学から家族移住へ

▼村に家族で移住するという夢

山村留学の場合は、家族がそろって現地を訪問する。指導者を交えて保護者と気軽に語り合う機会が多

い。かねてより、将来の夢として、家族が移住できる方法も考えてほしいという要望が出されてきた。

議論は移住の場合の住宅対策、就職問題に及び、さらには、山村留学センターに隣接して、移住者のための高齢者住宅を建て、留学生と交流できるシステムはどうか、などという夢物語が語られたことを記憶している。

山村留学を実践して四五年が経過した。数人の保護者から、村への移住を真剣に考えているので、前例のある人の体験談を聞かせてほしいという要望が出された。

そこで、山村留学が契機で、大町市八坂・美麻地区、並びに長野県内に移住した家族を調べたところ、二〇一五年（平成二十七年）七月現在の調査結果によると、移住家族一二世帯、さらに留学生で県内就職者（婚姻による者を含む）が数名いることが分かった。

▼移住した家族の声

ここで、アンケートによる、これらの人たちの声を紹介する。

・移住の年月は、十数年間から、数か月間に至るまで多様である。移住の動機は、「子どもの山村留学が契機」「子どもが山村の高校へ進学するため、自然に憧れて」。

・移住してからの感想としては、「人間らしい生活ができるようになった」「地域のつながりの大切さを感じている」「わが家にとって道が開けた感じ」「精神的にゆとりができ新鮮な食材で料理が楽しい」「毎日、北アルプスを眺める生活は心を穏やかにしてくれるし、いつまでも長野に住みたい」。

・移住について行政に希望することとしては、「地方で暮らすには地域の中に溶け込み、地域の人との繋がりを築く必要があり、住む家や仕事の斡旋も必要ですが、それと同じように移住者が地域の中に入りやすいように対応してほしいです」「移住には住宅と仕事のことが大切である。家を建てる場合、住宅ローンが大変だった。地方の銀行に何べんも足を運んだ」「国にお願いすることとしては、リニアなどをもっと広げて、都会と田舎の距離を縮めてほしい。自然環境が保たれる範囲で」「その土地の自然や文化の魅力を再認識できるようなことを、地元の人も巻き込んでどんどんやってほしい（食とアートの回廊芸術祭、原始感覚美術際など）」。

・今後の育てる会への要望は、「自然体験を行なっている団体は数多くあると思うが、育てる会としての理念を指導者が理解して、発足当時の方向性を見失わずに続けてほしい」「修園生や保護者ＯＢが収穫祭や運動会に参加できるように、行事の日程を知ら

児玉夫妻の言葉「長年育てる会の仕事に従事してきたことが縁で、娘夫婦共々、あこがれの山村に移り住むことができました。留学生を預かり、農業をする毎日が幸せそのものです。」

児玉信子の言葉「鹿、猪が捕れたといえば、解体に駆けつけます。ジビエレストランもようやく軌道に乗り始めました。」

写真６−１　山村に移住して留学生の世話をする児玉夫妻と、娘・児玉信子の経営する、ジビエレストラン

塚口沙希の言葉「村人に『山の中で、良く頑張っているねー』と言われるのが大きな励みです。また次々お客が訪ねてくれるのが楽しみです。」

父親塚口肇の言葉「娘の山村留学の地に『藁の家』―ストローベイルハウスを手作りしました。娘が店長として、コーヒー豆の焙煎、カフェとして経営しています。村人に大変お世話になっています。」

写真6−2　留学後、関西にある両親の洋菓子店の支店を山村に出し、日夜奮闘する塚口沙希

せてほしい」「年々、受け入れ農家が少なくなって大変だと思います。地元の子どもが減少し、山村留学生の存在は子どもたちにとって、大きな存在です。このまま山村留学があり続けていただけることを願っています」「今後も続けていってもらいたいです。わが家の孫たちも短期の行事に参加してもらいたいです。まだ、数年先ですが」「これからも長く続けていけるよう頑張ってください。農家さんが、今後、年齢などの問題で、少なくなっていくのが心配です」「いつまでも活気ある育てる会でありますように」。

・育てる会職員の一家族が、定年を契機に現地に移住して、農業を営みながら留学生を預かっている。移住は成功であり、老後の生活が充実していると言う。

第七章　山村留学の指導について

本書の最後に、山村留学に関わる指導者および関係者に、運営・指導の手引きに代わるものを試案として示したい。広く活用されることを望むものである。

山村留学は社会教育分野の活動であるから、その運営や指導には、教育の専門家ばかりではなく、広く一般社会の人びとが関わることになる。そこに社会教育の良さがある。

▼子どもの自然体験活動のいろいろな場所と指導者

今日、広く行なわれている子どもの自然体験活動を、その形態とそれにかかわる指導者を想定すると、五つの分野に分類できる。

①家族行事としての自然体験活動の場合……指導者は、保護者、両親などである。

②近所仲間、子ども会などで行なう自然体験活動……指導者は、熱心な篤志家や自然に専門的な知識を持つ人などである。

③各種団体などが主催する自然体験活動……指導者は、団体職員や学生ボランティアが担当し、多彩な体験活動を行なう。

④国公立の自然の家などが行なう自然体験活動……優れた活動プログラムにより、専門の指導者が多彩な体験活動を行なう。

⑤山村留学団体（組織）が主催する自然体験活動……

農山村に移住して、地域の学校に通学し、専門の指導者のもとで、集団生活や子どもの個性・特性に応じた体験材の活動を通して、課題解決力を身につけ、自己実現の端緒を摑む。

以上、五つの自然体験活動分野は、豊かな自然の中で、伸び伸びと自然に触れて活動できる点においては共通である。それに、専門の指導者が加わることにより、より多彩な自然体験が可能となる。

1、指導計画の全体像を見据える
——活動チャートを描く

山村留学の指導者の指導分野は、家庭生活分野と社会生活分野である。

学校教育分野の場合は、国の定める指導要領という基準があり、それに準拠して指導を行なわなくてはならない。ところが、家庭教育や社会教育分野には、こうした指導基準のようなものはない。指導基準のようなものがないということは、指導者も子どもも「自由」であるということである。社会教育において、指導者にとっても、参加する子どもにとっても、「自由」ということは極めて大切なことである。ここに魅力がある。

指導者も子どもも、学校教育の場合のように、定められた目標に到達するよう縛られないし、また、評価も必要ないのである。自由こそ青少年の社会教育活動の特典と考えてよい。

私は四十余年間、自由な発想で活動計画を立て、自由を大切にする指導法で子どもたちに接してきた。嬉々として活動する子どもたちの姿を眺めるのは、無上に楽しかった。私は満足して眺めたものだ。このような活動を続け、子どもたちの姿を眺めるうちに、私は、一つの問いかけを、自分自身にするようになった。つまり、嬉々として活動している、その活動は、その子どもにとって、どのような意味を持つのか、と考えるようになったのである。

このような視点で、個々の子どもの活動の様子を詳しく分析的に見つめると、例えば、自然観察活動をした後の、子どもたちの観察ノートを見ると、野鳥の啼き声に興味を持った子ども、野草の花に興味を持った子ども、昆虫に興味を持った子どもなど、それぞれ個性・特性を反映していることを知るのである。また、「塩の道を一〇〇キロ歩く」という活動に参加した子どもたちは、歩き通したという達成感は共通に持ってはいるものの、歩くことによって得られた関心事は、子どもそれぞれによって異なる。北アルプスの美しさに感動して登山に興味を持った子ども、塩の運搬に従事した先人の姿に思いを馳せ、歴史に興味を持った子どもなど、歩く体験によって得られた興味・関心は皆異なる。

身近な例では、毎日の山道での通学で、子どもたちはさまざまな体験をすることで、興味を刺激される。草花に、木の実に、蛇やリスの動物に、昆虫の死骸に、野鳥の啼き声に、雲の流れに、秋の紅葉にと、子どもたちの興味の多様性は自然の多様性と複雑に対応する。

そのとき、指導者の眼には、子どもたちは同じ活動をしているかのように見えるが、子どもの内面では、個性・特性に応じたさまざまな動き（体験）をしていることに気が付いた。それは、体験という表現で語るならば、感動の体験であり、自然の多様性の体験であり、動植物の観察体験であり、ときには失敗・工夫の体験であり、山村の文化・歴史的体験である、というようにである。

▼育てる会の二つの課題（チャート）

私は、山村留学の子どもたちの、多彩な活動の姿を絵に描いてみた。大変な数になる。そして、それらが、どんな体験に属するかを考えた。そしてまた、その体験が、その子どもの内面にどんな力となるのかを想像してみた。そしてその結果、その子どもは、小さいながらも、「自己実現」を達成して、笑顔を持った状態となる、と判断した。つまり、「毎日を嬉々として生きている子ども」の状態である。

このような一連の活動の全体像を描いたものが、一

（体験活動と地域の活性化）

ている子ども

日本文化力	詩情力	国際力
日本の伝統文化を表現できる力。	自己の感動・考えを美しい言葉で綴る力。	異文化・異国人への許容力。

ります。

自主学習体験	日本的年中行事体験	家事労働体験	四季の家族労働体験	擬兄弟体験	思いやり家族体験

農家活動における体験群

B. 地域分野

地域社会の活性化

地域の社会教育と学校教育との連携・融合協力

⇕

学校教育・社会教育

- ●現地教育委員会との提携。現地の子どもと留学生を共にした青少年体験活動の実施（実践事例）
- ●留学生保護者の協力による、現地農山村の子どもたちの、都市生活宿泊体験活動の実施（実践事例）
- ●現地学校との指導者交流・青少年対策の協力（実践事例）
- ●現地学校の自然体験教室への協力

地域の活性化への貢献

⇕

農家と共に・交流

- ●現地農家と留学関係保護者による棚田の復活作業等、交流活動の実施（実践事例）
- ●山村留学関係者の現地山村移住を推進。山村留学里親農家の増加による留学事業の継続に寄与（実践事例）

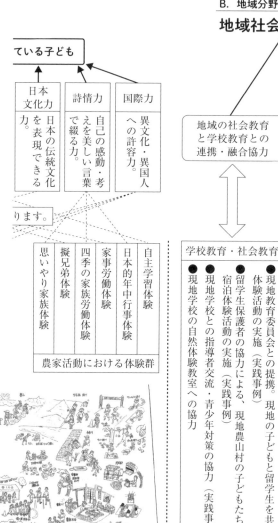

育てる会の二つの課題

A. 体験活動分野

体験教育の理念と体験内容

育てる会の期待する子ども像 →

社会と自然と他人を愛し、それぞれの目的を持って嬉々と生き

子どものなかに熟成が期待される「力」 →

心の安定力・冷静力	創造的行動力	失敗工夫継続力	許容力	集団尊重力	個性発揮力	日本語力
環境に適応し心に余裕がある。争いの際にも激昂しない安定力。	個性的発想力と実現力がある。	失敗を恐れず成功まで継続する力。	自己主張するも他人の考えも受け入れる力。	集団の立場を優先し、時には自己を抑える力。	その子らしい特性を発揮する力。	とっさの指名にも明確な発音の日本語でひるまず自分を語る力。

このつながりは指導案により構成される →

この点線はつながりの一例です。指導案によって自由に変わ

想定される体験活動群 →

- 基本的生活習慣の体験
- 日本の礼儀作法体験
- 四季の自然体験（野鳥・その他）
- 達成と感動の体験
- やり遂げる労働の体験
- 失敗と成功の体験
- 欲求不満耐性体験
- 自己に打ち克つ体験
- 自然の神秘を感じ感謝する体験
- 自然事象の追跡的研究体験
- 日本の伝統文化体験
- 集団生活体験
- 集団の前での発表体験
- 地域社会への奉仕体験
- 生態系の事象に関する体験
- 外国での奉仕体験
- 異国の生活文化体験
- 外国人との集団生活体験

センター活動における体験群

指導者と共に行なわれる体験活動の例 →

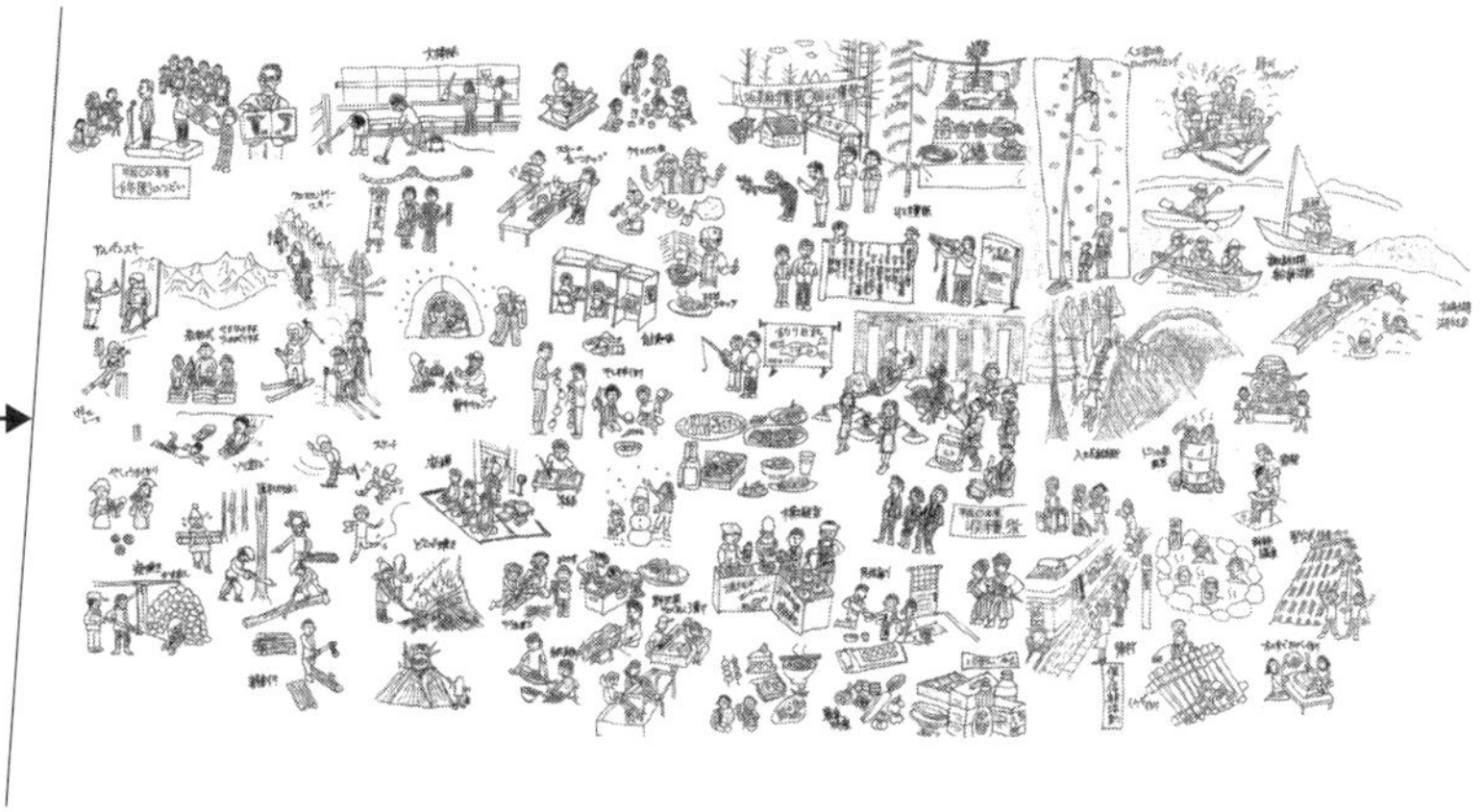

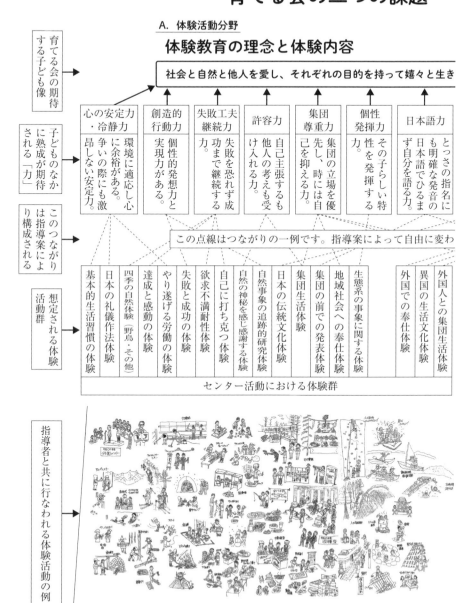

四二ページに示す活動チャートである。このチャートには、育てる会の指導の全体構想が示されている。

このチャートは、山村留学の指導者がその任に当たるに際して、頭の中に描いてほしい指導の全体構想図である。この構想図に基づいて指導をすれば、今、行なっている活動が、どのような意味を持ち、どのような効果をもたらすのかを見据えて指導ができる。

▼体験活動指導分野と地域貢献分野

チャート図のAの体験活動分野が、子どもの指導にかかわる分野である。

この分野の上段にある、「社会と自然と他人を愛し、それぞれ目的を持って嬉々と生きている子ども」という子ども像を、指導者の共通指導目標とする。この目標は、特定の思想を狙っているものではなく、誰しもが認める、望ましい子どもの姿を目標としているのである。

最下段にあるイラストは、年間を通して行なう子どもの体験活動をランダムに描いたものであるが、このイラストを体験材として捉えると、四季による分類が必要であり、また、体験材の中には基礎体験としての「原体験」分野と、子どもの個性・特性に応じた個別体験分野がある。

▼一つの活動には、いくつもの体験材がある

チャートの目標以外の各項目の内容は、すべて一例であって、指導の実施に当たっては、指導者による独自の考えが立案・記入される。

最下段の活動絵は活動の姿である。それぞれの活動が上の体験群に繋がり、それが、その上の子ども「力」に繋がる。

では、活動計画の立案を具体的に説明しよう。

活動に先立って、指導者はA分野のチャートで、目標のみが書かれ、後は空白の枠が記入された作業用紙を用いて活動計画の作成をする。最下段の活動例の枠内に、これから行なおうとする活動をイラストで記入する。そして、イラスト（活動）に内蔵されたいくつかの体験材を予想して、それぞれを上の体験群のわく

と関係づけ、体験群の内容を○○○○群と記入する。この作業が極めて大切である。

一つの活動にはいくつもの体験材が潜んでいる。それらがどの体験群に該当するかを考え、上段の体験群枠（複数）に記入する。そして、その体験結果が子どもの内部に、どのような「力」を養うかを予想して、体験力の枠に、期待される体験力を文章で記入する。

例えば、飯盒炊飯という活動を行なわせる場合の体験材について考えてみよう。

炊飯施設が全く整っていない森の中でキャンプ活動をするとしよう。活動名は単に「キャンプ活動」といっても、それに含まれる体験材は多岐にわたる。例えば、かまど作り体験、マキ集め体験、火付けにおける失敗と成功体験、力を合わせての共同作業体験、洗米と水の量の判断体験などなど、豊富な体験材が内包されている。実際の活動において、子どもたちは指導者の予想以上の体験材の存在を見せてくれるかもしれない。それはそれでよい。それが分かることは、事前の指導計画があってこそなのである。

もし、飯盒炊飯の指導の際、視察者が見えて、「どんな目的でこの活動を行なっているのか」と質問されたとき、「かまど作りの工夫体験、薪集めの共同作業体験、薪に点火する際の工夫体験、炊飯成功に適切な水量を知る体験を狙っている」などと、活動目的を明確に説明できる指導者であってほしい。

このように、明確な指導目的を持って指導に当たっても、活動結果は、子どもの個性・特性を反映して、指導者の予想を越える多彩な体験結果をもたらす。事前に描いた指導者の狙いをはるかに越えた結果となる場合が多い。それこそ歓迎すべきである。その多彩な体験結果の陰には、指導者の事前の指導計画があったからこそと解釈してよい。

以上が活動計画案の作成例である。

活動計画の実施に当たっては、別途活動指導案の作成が望まれる。豊富にある体験材の中で、その活動時に重きを置きたい体験材を、「主体験」と位置付け、それ以外を「周辺体験」と位置付けて指導することが望ましい。

▼地域分野について

この分野についても、山村留学指導者への期待は、ますます大きくなりつつある。

通常の仕事は、主として留学生の指導に関する学校との連絡業務であるが、今後は、学校行事への協力、通学合宿の実施、地域の教育委員会と提携しての社会教育活動の実施などが期待される。また、地域の活性化への協力として、都市農村交流事業への協力も期待される。

育てる会八坂美麻学園では、通学合宿の実施、保護者と農家とが提携した棚田の復活活動、山村留学センターの収穫祭における村民との共催交流を行なっている。そして、山村留学を契機にした八坂・美麻地区への家族移住が実現しつつあることを特記する。

2、体験活動の捉え方
――ヘッケルの個体発生論を参考に

自然体験活動の分野は限りなく広い。留学生の一年間の活動の種類（活動名）を数えてみても一〇〇種類以上である。これらの活動は、原体験分野、個性・特性に応じた個別体験分野、課題解決体験分野などに分けられるが、これらの体験をなぜ必要とするのか、これらの体験に、なぜ子どもたちは嬉々として立ち向かうのかを、根本原理に立ち返って考察してみることを勧めたい。

この考察に役立つ理論が、ヘッケルという生物学者による「個体発生論」である。「個体発生は系統発生を繰り返す」という理論である。この考えは学説であるから、もちろん賛否両論がある。それはひとまず横に寄せて、この個体発生論を子どもたちの体験活動の理解、考え方に適応してみる。

われわれ日本人の歴史は、長い間の狩猟生活（縄文時代）の時代を経て、農耕時代（弥生時代）となり、ごく最近に至って、科学技術の時代となってきた。このような人類の生活文化の発達過程が、遺伝子として子どもたちの発達過程に組み込まれていると考える。

ここで、子どもたちの発達過程を個体発生と捉えると、小学生の低中学年時は狩猟体験が、小学校高学年時には畑作・稲作体験が、そして中学・高校生の段階では多彩な情報を活用した課題解決活動がふさわしいということになる

こうした観点で子どもたちの動きを見つめると、事実、小学生の段階では、昆虫を捕まえたり、山菜を採ったりする狩猟採集の縄文的体験活動に夢中になる。中学生の段階では、田畑を耕し苗を植え、その成長を見つめ、収穫の喜びを味わう弥生的体験活動を好む。そしてさらに、この年代から高校生の段階では、自己の抱いた疑問を解決しようとする個別的課題解決活動を好む。これはまさに、近代の科学技術時代に必要とされる体験である。

ヘッケルの「個体発生は系統発生を繰り返す」という理論は、体験活動指導者が子どもの活動を見つめる場合の一つの視点として役立つ。ちなみに、ナチュラリストの柴田敏隆氏は、課題解決活動を行なう年代の子どもには、自然保護活動や自然の清掃活動などへのボランティア活動を追加すべきだと主張している。

数年前のこと、留学生の一人（中学三年生）が、体験発表として、通学路に落ちている「ゴミ」に関心を持ち、空き缶、たばこの吸い殻、ビニール袋などを拾い集めて集計し、解決策を提案したことがあるが、この体験発表は柴田氏の提言と符合するものを感じて妙である。

〔註〕**一坪農家の実践**　春先、中学生には小区画に区切った土地を分担させ、「一坪百姓の活動」と称して、個人の責任で、土起こし、播種、雑草取り、収穫に至る成功体験を行なわせている。中学生の段階では、こうした個別的で長期間の継続努力を要する活動に意欲を持つのである。

3、子ども個々の特性を読み続ける指導

山村留学生の場合は、一年間という長期にわたって子どもたちと活動を共にするのであるから、そこでは、子ども一人ひとりの成長に目を向けた指導が必要

となる。つまり、カウンセリングマインドを持った個別指導の必要性がある。

そのために、子どもの行動を、「読み」「読み続ける」指導が必要となる。

▼子どもの行動を「読み」「読み続ける」指導
――エピソード記録をもとに

子どもたちと寝食を共にしていると、個々の子どもの多彩な行動が指導者の目に留まる。

子どもの行動は、子どもの持って生まれた性格に由来すると思われるものから、生い立った環境が語るものなど、実に複雑であり、なおかつ生活体験の積み重ねによって変化していく。このことは、山村留学の仕事を体験して、ことさら強く学んだことである。そして、子ども個々の典型的な行動を、エピソードとして記録し続けることの大切さを学んだ。

エピソードの記録のためには、個々の子どもの行動を「読み」「読み続ける」必要がある。そのためには、子どもの行動を読むに当たっての観点が必要である。どのような観点から子どもの行動を見つめるかが大切なのである。

私が子どもの行動を見つめる「観点」として役立ているのが、心理学や教育学の学説や知見である。このきっかけは、トヨタ財団の助成による「山村留学生の教育効果の研究」であった。主たる研究方法は、指導者による子どもたちの生活状況や活動状況の記録（八ミリ映画など）を巡って、専門の立場から検討し、かつ変化の様子を確認するというものであった。

とくに、数人の子どもに絞り、その子どもの行動のなかで、その子どもの典型的と思われる行動を、エピソードとして記録し続け、そのエピソードの時間的経緯と変化のなかに、その子どもの指導方法を導き出す必要を知った。

つまり、指導者は一時期の子どもの行動から、その子どもの行動を評価するのではなく、子どもの行動を冷静に「読み」「読み続ける」なかで、時に応じて適切な助言をする必要があるのである。

この指導上の教訓は、その後の育てる会の生活指導の基本となり、今日まで続いている。ちなみに、毎月、保護者に送られる「山村留学通信」の中の「個々の子どもの行動の様子という」記事がそれである。この記事を書き続けることは、指導者にとってかなりの負担となる反面、それによって、指導者は常に、個々の子どもを温かい目を持って見つめ続け、結果的に子どもからの信頼を得ることになる。

子どもが集団生活を通して自ら変容していく契機には、フラストレイション・トレランス（欲求不満耐性）が大きくかかわっていることが、応用心理学の立場から指摘されたことは、その後の指導に大きく役立つことになった。

欲求不満耐性については、山村留学を終えた子どもの作文に現われている。

「僕は、すぐ、『カッ』となるタイプでした。農家はあくまで他人の家です。嫌なこともありましたが、それが、我慢すること、耐えることを教えてくれたんだと思います。それがいま役に立っています」（三年間留学・現高校生）。

「山村留学で忍耐力というか、我慢することも覚えたと言えます。いくら溶け込んだとはいえ他人の家の生活、センターでの集団生活のなかで、初めて自分で意識して『我慢する』体験をしたんです。みんなが右と言うのに、私だけ左と言い張れない場面もあったわけです。『集団の和のために我慢する』ことだったんです」（一年間留学・現高校生）。

4、指導者の子どもへの接し方
――ピグマリオン効果の活用

山村留学の場合、指導者は、子どもと生活・活動を共にする。そこで、指導者、とくに初心の指導者たちから、「子どもに接するとき、どのような立場・姿勢で接したらよいか」と質問されることが多い。

この質問に対して、数年、指導を担当した経験者が次のように語った。「要するに、山村留学の指導者は、時には兄の如く、時には親の如く、時には先生の如く、時には友達の如く接する必要がある」。

この言葉は大いに傾聴に値する。

ここで、この言葉に追加して、もう一つ大切だと思う指導者の姿勢について述べる。それは、「ピグマリオン効果」という心理学の学説の活用である。この説は「教師期待効果」とも言われ、指導者がその子どもに期待を寄せると、その子どもは伸びる、という考えである。

心理学上は異論があるが、そのことは、ここでもひとまず横に寄せて、この考えを現場の指導に活用することを勧めたい。活用の仕方によっては、大きな効果を生む。

例えば、生活に目的が見出せず、何となく怠惰に過ごしている子どもを注意深く観察する。その子どもの興味・関心の傾向を摑み、そのことについて研究活動をしてみないかと勧める。「君ならその能力があるし、指導者としてその成果を期待している」と語りかける。このような言葉かけによって、子どもは意外と目覚め、やる気を表わす場合もある。

「教師期待効果」を「体験活動指導者期待効果」として、大いに活用することを勧めたい。この考えに立って、山村留学生の指導に当たっての指導者のSES機能の活用を勧める。

5、指導者のSES機能の活用
――とくに個別活動化へ向けて

指導者は一人ひとりの子どもに寄り添い、それぞれの子どもの個性・特性を尊重した指導計画を立てなければならない。

指導者はSES機能（刺激〈stimulate〉、励まし〈encourage〉、示唆〈suggest〉）を活用して、一人ひとりの子どもの関心事を引き出し、それへの探求を示唆し、励まし、追求課題をまとめさせる。

そのために、指導者が子どもと交わす言葉の一例を示す。

刺激の言葉「素晴らしい体験だな。それを発表作品にまとめたらどうかな」。

励ましの言葉「それを調べたり、体験してみたらどうかな、君ならできるよ」。

示唆の言葉「こんな方法もあると思うよ。こんなことをやってみたらどうかな」「もっと続けて調べてみたら」。

このような助言によって、子どもは自己の抱いた課題に向かって、体験を重ね、体験を思考の足として課題解決に向かう。

山村留学の体験活動は、「事実認識から意味把握」という思考の基礎訓練の場である。山村留学の最も重要な課題の一つはこれである。

映像や図鑑、書物から得た知識をもとに自己の考えをまとめる子ども像と、体験を積み上げて、そこから自己の考えをまとめあげる子ども像を比較してみよう。体験を根拠に発言する子どもの発言には説得力がある。また、信頼される。山村留学では、そういう子どもを育てるのである。また、これからの社会は、そのような力を持っている人間を必要としている。体験に基づく問題解決能力が必要なのである。

山村留学の目的は、体験を思考の足として、課題解決に立ち向かう力を付けさせてやることにある。

6、指導者と子どもとの関係性の基本

▼指導は指導者への信頼感から始まる

以上、有効な指導法を実践するための基本的姿勢として、「ヘッケルの理論」「子どもを読む」「ピグマリオン効果」「指導のＳＥＳ機能」などの活用を勧めたが、指導には、このような理論のもう一つ奥にある、指導者と子どもとの心の通い合いが前提となることを、体験をもとに書いてみよう。

それは、野外活動センター建設当時における、経済的困窮時代の体験から得た貴重な教訓である。一九八〇年（昭和五十五年）のこと、オイルショックという世界的な石油価格の異常高騰が発生して、経済界に大混乱が起きた。その影響を受けて、負債の返済を抱えている育てる会山村留学センターは、一層の経済的苦境に直面した。一七〇人収容の宿泊施設は、基本的運営費のみでもかなりの額を必要とする。

育てる会の山村留学センターの暖房設備は、すべての部屋に設置された放熱器に熱湯を通すという暖房方法で、子どもを火災や火傷から守るという点においては理想的設備ではあるが、反面、多量の燃料費を必要とした。オイル費の高騰は、山村留学センターの暖房費を直撃した。

そこで、一時の暖房費節減対策として、極めて寒い日以外は、全館暖房を止め、その代わり必要とする部屋に石油ストーブを設置することにした。広々とした部屋に赤い火の燃えるストーブが置かれ、その周りに、いつの間にか子どもたちが両手をかざして集まるようになった。そこでは、子ども同士や指導者との会話が弾んだ。その会話から、子どもたちの心のうちを知ることができた。予期せぬ子どもとのコミュニケーションが得られた。ストーブの設置は、まんざらマイナス面ばかりでないことを知った。

問題は就寝時である。冬の夜は、マイナス一〇度を超える。コンクリート作りの建物は、ことさら底冷えがする。何らかの暖房対策なしでは、とても過ごせるものではない。考え抜いた末、「豆炭アンカ」を使ったらどうか、という案が浮上した。優れた暖房機器が出回っているこの時代、そんな古風なものがあるのかと疑った。ところが、それがあったのだ。しかも、昔のそれより、使いやすく、美しくデザインされているものが。早速、全員の数の豆炭アンカと熱源となる豆炭を買い揃えた。

夜、九時頃となると、それぞれアンカを持った子どもたちが、厨房のガスレンジの前に並ぶ。指導者は、ガスコンロの上に金網を置き、その上に十数個の豆炭をのせ、コンロの火で豆炭に着火させる。豆炭の半分ほどに火が乗り移った頃合を見て、子どもたちのアンカに、一つずつ豆炭を入れてやる。子どもたちは、皆、「ありがとう」と言いながら、ニコッと微笑んで、アンカの蓋をパチンと閉める。

そのときの笑顔が、今もって忘れられない。私は「暖かくして寝るんだぞ。風邪を引くな」と言った。

起床後、子どもたちは、それぞれ寝室からアンカを抱えて階下へ降りてくる。指導者は一つひとつアンカを受け取る。ところが、ときどきではあるが冷たいアンカが渡される。

「あれっ、消えたね、寒かっただろう?」と指導者。「ん、んっ、寝ちゃって、知らなかったよ」と子ども。

こんなときはホッと安心したものだ。一人の指導者曰く、「寝ているときの子どもの体は暖かい。寝かせ係で、低学年の子どもと添い寝をしていると、暖かいのなんのって、こちらまで寝てしまう」。

豆炭アンカの利用は、暖房経費節約という狙いから始まったことではあるが、豆炭アンカを通して、一人ひとりの子どもにやさしい言葉がけをすることができ、その結果、子どもと指導者の信頼関係ができた。

指導者は一人ひとりの子どもと、このような話題を巡って気軽な会話を交わす。「山村留学にきて、良かったと思うか」「学校は楽しいか」「友だちはできたか」「今日は、何か面白い発見はあったか」「今年はどんな体験をしてみたか」などなど。このような会話を通して、子どもの心の奥を推察するのである。指導者はあらゆる機会を利用して、子どもの心の奥底に近づく必要がある。そして、そこに声かけをする。ここにこそ指導の出発点があると思う。

石油ストーブと豆炭アンカの体験から、貧しくあってはならないが、ある程度の乏しさには、教育にとって有効に活用できる機会が潜んでいることを知った体験であった。

▼留学体験と子どものその後

研究調査「山村留学総合効果の検証」によって、成長期における留学体験は、その子どもの人格形成に大きな影響を及ぼすことを知った。

留学生は指導者の指導援助により、山村留学の体験教育の理念を身に着けて世の中へ出てゆく。彼らの中には、体験教育の理念が宿っている。

山村留学を、鶏卵にたとえて語ろう。山村留学指導者の使命は、留学生たちの内部に山村留学の理念を「卵」として産み付ける仕事である。修園式は、その山村留学卵の誕生日である。その「卵」は成長につれて孵化し、やがて、社会生活の各所において、個性・

特性を発揮して大きく羽ばたくはずである。

彼らは山村留学の理念の生き証人である。山村留学指導者の仕事は責任が重く、かつやりがいのある仕事である。

7、学校教育への提言

▼社会教育団体「山村留学」と学校教育との接点 ——セカンドスクールの考察

近年、学校教育において、セカンドスクールという教育方法が注目されている。

セカンドスクールは、都市部の学校が、通常の学校での授業のほか、自然の豊かな場所に移動して授業を行なうことである。従来、学校教育では、実地見学とか、移動教室といわれるものがあったが、セカンドスクールの場合は、宿泊日数を多くして、体験学習による教育効果を狙うものである。

ここでは、国立少年自然の家でのセカンドスクールの試みや、東京都武蔵野市でのセカンドスクールの実践を参考に、山村留学団体との望ましい協力のあり方を提案する。

セカンドスクールの魅力は二つある。

一つは、生活の場所を自然に囲まれた場所に移して、集団宿泊生活をすることにより、従来の学校生活では得られない人間関係の構築や、自然への興味・関心を持たせることである。もう一つは、自然の中で、体験に基づいた学習指導をすることにより、子ども一人ひとりに確実な知識を身に着けさせることができることである。

この場合、大切なことは、セカンドスクールで学習指導をする場合、従来の学校での授業と同じことをやるのでは意味がないという点である。

セカンドスクールで学習指導を行なう場合に大切なのは、事前に教科課程を分析して、その中から体験に基づいて授業を行なうほうが効果的と思われる教科内容を抽出し、それをセカンドスクールに持ち込み、一人ひとりの子どもの体験を大切にした授業を行ない、教育効果を上げることである。

このために、セカンドスクールで教科学習を行なうには、教師が、事前に体験する場所に行って、その教科の指導内容にあった適切な体験材があるかどうかを調べる必要がある。適切な体験材を活用して授業を行なえば、その効果は大きい。このようにして行なった授業は、当然、授業日数に算入される。

山村自治体がセカンドスクールの受け入れを想定した場合、現地に、社会教育団体である山村留学事業体が存在する意味は大きい。この団体は、その土地の優れた体験材を豊富に把握しているはずである。学校のセカンドスクール関係者は、この団体の協力を得て、必要とする体験材を知ることができる。

ここに、「体験材」を接点にした、学校教育と社会教育団体「山村留学」との相互補完、協力関係が生まれる。

このような考えに立つと、セカンドスクールという教育方法は、都市部の学校のみならず、山村の学校教育においても大いに取り入れてほしい教育方法である。

▼セカンドスクールの実施には「体験材」の概念を

昨今、学校教育においても、セカンドスクールと称して、一定の期間、学習の場所を自然豊かな場所に移して学習指導を行なう方法が増えてきた。学校教育においては、指導要領に、教科の目標とそれに到達するための学習内容が定められている。この学習内容に、体験的内容を組み入れることによって、一層の学習効果を上げる試みである。

この方法は、従来の実地見学や移動教室という活動に比べて、体験を重視するという点で、有効かつ斬新な指導法と言える。セカンドスクールにおいては、カリキュラムの指導内容を、体験を通して行なうのであるから、当然、授業時数にカウントすることができるし、またそのような指導を行なわなくてはならない。

この場合の、「体験内容」を「体験材」という概念で捉えることを勧めたい。

具体的に説明しよう。

セカンドスクール実施に当たっては、事前に指導者によるカリキュラムの分析が必要である。カリキュラムの中で、体験を通して学習するほうが望ましいと思われる内容を抽出する。これを「体験学習材」と考える。

指導者（先生）は、抽出した「体験学習材」持って現地に赴き、それに合う「体験材」を探し求める。宿舎が集団宿泊施設の場合は、規律ある生活習慣付け、基本的生活技術の習得、助け合い精神の涵養、農家を宿泊場所とするならば、農作業による労働の体験、農産物の出荷体験、昆虫植物の観察体験などが考えられる。

セカンドスクールは社会科や理科の学習に適していると考えるのは当たっていない。自然をうたった歌曲を、美しい自然の中で歌うのは、都市の学校で歌うのとは情感に大きな違いがある。この場合、音楽教科と関係する。また、自然の景観をスケッチする活動は、図工教科と関係する。

このように、セカンドスクールにおいては、体験材の活用により、優れた学習効果をもたらすことができる。

あとがき

山村留学を始めた当初、世間の反応は、「子どもを山村に手放すなど、疑問だ」といった批判が聞かれた。しかし、趣旨に賛同する保護者たちの力で、今日まで継続することができた。そして、青少年の教育環境の複雑化に伴い、今日では、「山村留学という方法も一つの有効な教育の選択肢である」という世論の理解が得られるようになった。

本書では、山村留学による子どもの変容を中心に、山村留学にかかわった保護者の変容、さらに地域社会に及ぼした影響・効果について、調査データに基づいて詳述した。

全国の子どもが山村留学に参加することは不可能かもしれないが、本書に記載した長年の山村留学の実践データは、これからの自然体験活動のあり方、家庭教育のあり方、地域社会の活性化のあり方、さらには学校教育のあり方などに、きっと有効な示唆になると信じている。ぜひ活用していただきたいと願う。

本書の出版にあたっては、農文協の編集担当者をはじめ、大勢の方のお世話になった。本書の活動チャートに描かれているイラストは、旧職員の奥村万希子さんによるものである。また、掲載されている写真は、指導者及び保護者の提供によるものである。この場を借りて厚くお礼を申し上げる。

最後になったが、山村留学の趣旨に賛同いただき、最愛の子弟を参加させていただいた留学生の保護者に厚く感謝の言葉を捧げたい

二〇一五年（平成二十七年）十一月三日

◉本書の記述にあたって参考とした調査資料

（1）山村留学生の追跡的調査（一九七八年、トヨタ財団助成）

（2）一〇年間の山村留学体験者の声（一九八五年、財団法人育てる会）

（3）山村留学総合効果の検証―山村留学に参加した子どもは、今―（二〇〇二年、日本財団助成）

（4）月刊誌『育てる』の記事、指導者によるエピソード記事など

◉公益財団法人育てる会の紹介

1、法人格

任意団体育てる会　一九六八年（昭和四十三年）

財団法人育てる会（文部省所管）　一九七三年（昭和四十八年）

公益財団法人育てる会　二〇一四年（平成二十六年）

2、活動の拠点

東京本部―東京都武蔵野市中町一‐六‐七　五階

・長野県―富士見町すずらん山荘　長野県富士見町立沢五〇一五

・西日本連絡所　兵庫県神河郡神河町作畑二七九‐五

・中部連絡所　愛知県小牧市桃ヶ丘三‐六六‐一一

・長野県―大町市八坂・美麻学園、長野市大岡学園、売木学園

・島根県―太田市三瓶こだま学園

・兵庫県―神河町やまびこ学園

・高知県―大川ふるさと留学

3、学校休暇中の体験活動実施場所（1972〜2015年）

北海道十勝清水町・標津町・音威子府村・鹿追町

秋田県合川町

長野県八坂村・大岡村・北相木村・売木村・浪合村・

諏訪市（諏訪湖）

山梨県増穂町　新潟県佐渡島・松之山町・栃尾町・川西町

愛知県鳳来町　京都府美山町　兵庫県神河町

三重県鳥羽市（麻倉島）

島根県大田市　高知県土佐清水市（竜串）・大川村

長崎県五島列島―新魚目町　鹿児島県笠沙町・東町（獅子島）

沖縄県渡嘉敷島・国頭村・糸満市

●著者紹介

青木　孝安（あおき　たかやす）

1930年、長野県に生まれる。長野師範学校を卒業（現信州大学教育学部）。公立中学校、公立小学校を経て、1972年、財団法人育てる会を設立。以降、青少年の自然体験活動を全国各地で実施。1976年、山村留学を創設し、全国に波及する嚆矢となる。東京都武蔵野市のセカンドスクール委員として基本計画作成に協力。旭日双光章受賞、文部大臣奨励賞など各種の賞を受賞。

主たる著書

・月刊誌「育てる」に毎号執筆（557号）
・子どもの人生と自然体験（1999）
・山村留学の原点をみる（2012）
・体験の風をおこそう 共著（2013）
・割りばしと法隆寺 共著（1986）
・その他教育誌寄稿多数

山村留学
生まれ変わる子ども・親・村

2016年1月20日　第1刷発行

著　者　　青木　孝安

発行所　一般社団法人 農山漁村文化協会
〒107-8668　東京都港区赤坂7丁目6−1
電話　03（3585）1141（営業）03（3585）1145（編集）
FAX　03（3585）3668　　振替 00120-3-144478
URL　http://www.ruralnet.or.jp/

ISBN 978-4-540-15148-4　　DTP制作／ふきの編集事務所
<検印廃止>　　印刷／㈱平文社

製本／根本製本㈱
Printed in Japan　　定価はカバーに表示
乱丁・落丁本はお取り替えいたします。

写真絵本

農家になろう

全10巻

農家ってすごい！

10人のベテラン農家の１年の暮らしをまるごと活写。
農業の魅力や農家力、おもしろさが伝わる写真絵本。

第1集　5巻

①**乳牛とともに**
酪農家　三友盛行

②**ミツバチとともに**
養蜂家　角田公次

③**イネとともに**
水田農家　佐藤次幸

④**トマトとともに**
野菜農家　若梅健司

⑤**リンゴとともに**
果樹農家　臼田弐彦

平成25年
児童福祉
文化賞受賞

第2集　5巻

⑥**バラとともに**
花農家　浅見均

⑦**チャとともに**
茶農家　村松二六

⑧**シイタケとともに**
きのこ農家　中本清治

⑨**ジャガイモとともに**
畑作農家　中藪俊秀

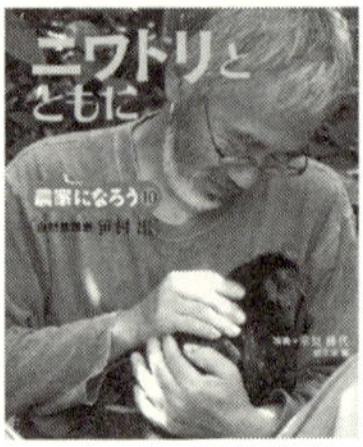

⑩**ニワトリとともに**
自然養鶏家　笹村出

AB判　各36頁
オールカラー
小学校中学年から
●各巻本体 1900 円
各集揃本体 9500 円

農文協　〒107-8668 東京都港区赤坂7-6-1 TEL.03-3585-1142 FAX.03-3585-3668
http://www.ruralnet.or.jp/

※価格は税別